내 인생에 찾아온 필사 혁명

내 인생에 찾아온 필사혁명

이현주 지음

생각의빛

Part 1 _____

세상에 안전지대는 없다

Part 2 _____

우연히 만난 필사가 천우신조다

Part 3 _____

　　삶을 바꾸는 필사법

Part 4 _____

필사하면 보이는 것들

Part 5 _____

삶이 꼬일수록 필사로 인생혁명하라

세상에 안전지대는 없다

진정한 안전지대는 없더라!

　당신이 생각하는 안전지대란 어떤 것인가? 단란한 가정? 아니면 안정된 직장? 당신이 굳게 믿고 있었던 안전지대가 어느 날 갑자기 날개를 잃고 추락한다면 어떤 기분이 들 것 같은가? 직장이 나의 안전지대가 되어 줄 것이라는데 한 치의 의심도 없었다. 나를 지켜줄 든든한 울타리라고 믿었던 커리어가 사막 위의 신기루와 같다는 것을 깨달았을 때 생이 거대한 폭발음을 내며 무너지는 것 같았다. 끝이 보이지 않는 긴 어둠의 터널 안에 홀로 갇힌 기분이 들었다. 삶은 예고 없이 닥쳐오는 죽음과 함께 걸어가는 것이다. 그래서 늘 그 끝을 생각해야 한다. 어느 날 견고했던 내 울타리가 무너지는 경험 한 번쯤 있지 않을까? 이러한 경험은 예고도 없이 찾아오기에 막상 현실이 되면 갈 길을 잃고 방황하게 된다. 준비되지 않은 삶은 가시밭길을 걷겠다고 자처하는 일이다. 마흔 중반쯤 되니 축하할 일보다 위로해줘야 할 일들이 더 많아지는 기분이 든다. 어느덧 누군가의 죽음 앞에 숙연해지는 날들이 잦아지고 있다. 반면 누군가의 결혼식에 참석해 축의금을 내던 일은 뜸해졌다. 하루아침에 남편과 준비 없는 이별을 맞이하는 이들을 종종 보게 된다. 남편의 퇴직으로 생활 전선에 뛰어들어야 하는 가장의 무게를 짊어지게 되는 삶도 있다. 이러한 이들의 일이 언젠가는 내 일이 될 수도 있다는 생각을 망각하고 살았다. 지금 당장, 등 따시고 배부르다 보니 이런 예고치 않은 일들은 나에게선 배제된 삶이었다. 내 울타리는 언제나 건재할 것이라는 안일한 착각 속에서 '아직은 내게 닥쳐올 불행이 아니야.'라며 외면했다. 인생의 어두운 그림자 같은 일들이 나 한사람쯤은 비껴가길 바라지만 우리는 이미 알고 있다. 생과 사가 맞닿은 곳에서 일어나는 모든 일은 내 의지로 당겨질 수도, 늦춰질 수도 없다는 사실을. 내가 몸 바쳐 일했던 직장이 흔들리고, 직장을 떠나야 할지도 모른다는 불안감이 새로운 현실에 눈을 뜨게 했다. 지금까지 내가 일궈온 인생의 시간이 가면을 하나씩 벗어내기 시작했다. 나에게 남은 것은 마흔 중반의 나이와 두려움만이 남아있었다. 나는 깨달았다. 세상 어느 곳에도 영원한 안전지대는 존재하지 않는다는 것을. 늘 있던 자리에서 언제든 떠날 수 있는 준비를 하며 살아야 한다는 사실을. 지금까지 나의 노력의 결과물인 직함과 일자리의 안전에 경고등이 켜진 후에야 정신이 번쩍 들었다.

사람들은 저마다 목숨줄 하나씩은 부여잡고 치열하게 살아간다. 나에게 목숨줄과 같은 커리어는 삶을 지탱하는 힘 그 이상이었다. 직장생활을 통해 삶을 유지할 수 있었고, 경력도 차곡차곡쌓아 수간호사란 직함도 부여받았다. 간호사로 지내온 내 삶이 남부럽지 않았다. 내가 수간호사로 몸담고 있던 D 여성병원의 산후조리원은 병원경영의 악화를 견디지 못하고 문을 닫아야만 했다. 예감은 하고 있었지만, 최종 결정을 부장님의 입을 통해 듣는 순간 꿈인지 생시인지 얼떨떨했다. 짧은 침묵, 그 잠깐 사이 억겁의 시간이 흐른듯했다. 나도 모르게 금방이라도 눈물이 쏟아질 것만 같았다. 애써 눈물샘을 누르고 태연한 척하느라 애를 먹었다. '닥칠 게 왔구나. 오늘이 그 날이구나.' 병원이 살려고 하는 몸부림이니 받아들여야 했다. 내가 일하는 부서가 타깃이 되었을 뿐이다. 막상 현실이 되니 눈앞이 캄캄했다. 사실 우리 조리원에 일하는 사람들의 평균 나잇대는 50대이다. 늦은 나이에 간호조무사 자격증을 취득하고 새롭게 사회생활을 시작한 사람들이 대부분이다. 또한, 간호학과를 갓 졸업하고 온 신규간호사부터 입사한 지 얼마 안 된 동료들에게 새로운 삶의 출발지였다. 조리원이 없어진다는 말을 내 입으로 전해야 했다. 입술이 바짝바짝 마르고 목이 타는 것 같았다. 어디서부터 이야기를 꺼내야 할지, 숨이 턱 막히는 답답함이 몰려왔다. 이미 머릿속은 꼬일 대로 꼬여버린 엉킨 실타래가 된 지 오래였다. 심장이 머리에서 미친 듯이 널뛰는 것 같았다. 정신 줄을 놓은 사람처럼 한동안 멍하니 의자에 앉아 있었다. 이 현실이 잔혹하리만큼 가슴 아팠지만, 이내 정신을 차리고 부서장으로서 할 일은 해야 했다. 동료들에게 어떻게든 현 상황을 진실 되게 알릴 의무가 있었다. 실제 내가 감당해야 할 현실의 무게감은 경중을 가릴 수 있는 정도가 아니었다. 부서가 문을 닫게 되었다는 말이 떨어지기 무섭게 주위 공기는 무겁게 느껴졌다. 서로를 바라보는 눈빛은 미세하게 흔들리고 있었다. 이미 엎질러진 물이었다. 체념한 듯 현실을 부정하고 싶은 마음을 뒤로하고 각자 현실을 받아들이려고 노력해야만 했다. 나에겐 넘어야 할 또 하나의 산이 남아있었다. 조리원이 없어지는 것과 동시에 타부서에서도 일부 인원 감축과 부서이동이 함께 이뤄져야 했다. 나의 의견을 참고로 조리원의 몇 명은 타부서로의 이동이 결정되었고 나머지 일부는 퇴사해야 했다. 마음이 무거웠다. 그때, P 간호조무사가 조심스레 다가와 자신의 절실함에 대해 무겁게 입을 열었다.

"저는 일을 꼭 해야 해요. 딸아이 대학교 등록금도 내야 하고 내가 벌지 않으면 안 돼요. 게다가 저는 입사한 지 몇 개월 안 되기 때문에 실업급여 대상도 아니에요. 꼭 일해야 해요."

사연 하나 없이 살아가는 이가 어디 있을까. 두서없이 횡설수설할 수밖에 없는 이유가 있으려니 싶어 굳이 밝히고 싶지 않은 개인 사정을 캐물을 수는 없었다. '어떤 마음으로 나를 찾아왔을까? 오죽하면 병원을 떠나게 된 나를 붙들고 어느 부서든 남아 일하고 싶다고 할까?' 사람은 위기가 닥치면 자신을 먼저 보호하고 어떤 식으로든 원래대로 회복하려는 움직임을 보인다. 마음 한편에 이기적이라는 생각이 들어찰 틈도 없이 또 다른 한편으론 딱한 마음이 들었다. 때마침 타부서에 티오(TO)가 하나 생겼다. 나는 부장님께 P 간호조무사를 언급 드렸고 그렇게 부서발령이 확정되었다. 내 입을 통해 그 소식을 들은 P 간호조무사는 그제야 안도의 한숨을 내쉬며 얼굴에 생기(生氣)를 되찾는 듯했다. 누군가의 상실이 어느 누군가에겐 회복으로 전환되는 순간이다. 희비가 교차하는 듯한 묘한 기분이 들었다. 나중에 안 사실이지만, 남편이 퇴사를 하게 되어 생활비와 학비를 벌어야 하는 상황이 되었다고 한다. 그동안 남몰래 마음고생 하며 걱정이 많았다는 이야기를 타부서 수간호사에게서 듣게 되었다. '참, 다행이구나.' 싶은 생각이 들었다. 부서가 없어진다는 내 이야기를 들었을 때 얼마나 앞이 캄캄했을까 생각하니 그 당시 좌불안석, 불안해하며 횡설수설하던 모습이 이해가 되었다. 우리는 남들의 이야기라 여겨오던 일들이 오늘의 내 이야기가 될 수 있음을 망각해서는 안 된다. 안온하고 평온한 삶이 주는 안전불감증에 취해 있는 시간에서 벗어나 현실에 눈을 떠야 할 시간이다. 인간은 안전을 추구하나 삶은 성장을 원한다. 성장을 통해 생사의 어떠한 위태로움도 이겨낼 자기만의 안전지대가 만들어진다. 삶의 최종목적은 결국 성장에 있다.

글이 쓰고 싶어 퇴사를 결정했다. 여러 가지 병원 자체 문제도 있었지만, 부서이동의 권유에도 퇴사하는 쪽을 선택한 것은 내 안에서 솟구치는 글쓰기에 대한 욕망을 모른 척하기 힘들었기 때문이다. 꾸준히 이어오던 필사가 또 다른 꿈을 향해 움직이는 데 결정적인 역할을 했다. 필사하기 전의 나란 사람은 정에 이끌려 부서이동을 해서라도 마지못해 병원에 남아 있었을 확률이 높다. 굳이, 힘들게 변화를 추구하는 성향이 아니었기 때문이다. 그러나 나는 필사 후 확연히 달라져 있었다. 나도 모르는 사이 필사로 인해 글 근육과 마음 근육이 탄탄해져 내 삶을 지탱하고 있었다. 마음을 다해 일했던 직장과 직급을 잃었지만, 실업급여를 받을 수 있다는 안도감이 작은 위로가 되었다. 더 크게 일어서기 위한 쉼의 시간이라 생각하며 어떻게 그 시간을 써야 후회가 없을까 고민했다. 퇴사 후 주어질 금쪽같은 시간을 오롯이 나를 위해 쓰기로 마음먹었다. 지금 생각해보면, '해가 바뀌면 내 이름이 선명하게 박힌 공저 책과 개인 저서가 출간될 것이다.'라는 꿈에 대한 확신이 힘든 시간을 이겨낼 수 있게 한 버팀목이었다. 꾸준한 필사로 작가의 삶에 가까워질수록 내 선택에 대한 확신은 강해졌다. 꿈을 향한 열정은, 비록 내가 가시밭길을 걷고 있을지라도 그 고통조차 잊게 만든다. 병원 사정이 어렵다는 이야기를 들을 때마다 책을 읽으며 불안했던 마음을 잠재웠다. 언제 내가 실업자가 될지 모른다는 생각이 그림자처럼 따라다녔다. 매일 새벽 기상에 힘쓰며, 새벽이 주는 고요함 속에서 책 읽기의 속도를 높였다. 마인드 강화를 위한 동영상을 시청하며 유리 같은 정신력을 강철처럼 단단하게 무장하는 데 도움을 받았다. 또한, 새벽의 힘을 받아 자필 필사를 매일 거르지 않고 이어갔다. 필사하는 시간은 나에게 알 수 없는 활력과 생기가 돌게 했다. 나도 모르는 사이 말로 표현하기 힘든 충만감이 조금씩 채워지는 하루를 살아가고 있었다. 조성희 작가가 운영하는 유튜브 채널의 '100일 마음 근육 강화' 동기부여 동영상과 그녀의 책 《뜨겁게 나를 응원한다》는 마음 근육 키우기 훈련에 안성맞춤이다. '진정한 안전지대는 없다'라는 것을 가슴 깊숙이 새기고 적극적으로 새벽 기상과 책 읽기, 필사에 몰두할 수 있도록 하나의 촉매제 역할을 했다. 필사책을 펼칠 때마다 그 속에 있는 명언들과 좋은 글들이 내 가슴을 치고 들어왔다. 머리와 가슴에 인두처럼 뜨거운 문장들을 채워 넣는 작업이 필사이다. 붓 펜을 쥔 손에 힘을 뺀 후 숨죽이며 한 글자 한 글자 조심스레 따라 썼다. 매일 쓰는 필사가 마인드를 바꾸고, 내가 생각해왔던 삶의 안전지대에 대한 기존의 패러다임을 깨고 재정립하는 데 큰 힘이 되었다.

날마다 살얼음판 위를 걷듯 자신의 발아래를 살펴라! 그리고 어둠 밖으로 나가기 전 끝을 먼저 생각하고 움직여라!

우리는 한 단계 성장하기 위해서 지금 불편한 것들을 깨부수고 안전 박스를 탈출해야 한다. 그 불편하고 어려운 일들이 성장의 발판이 된다. 익숙한 곳을 벗어나지 않으면 성장은 그곳에서 멈추고 만다. 내가 익숙한 곳은 어둠 그 자체였다. 어둠을 벗어나는 방법은 찬란한 빛을 먼저 생각하고, 그 빛을 향한 움직임에 있었다. 무슨 일을 시작하든 마음속에 끝 그림을 먼저 품고 움직였을 때 그 과정이 아무리 개떡 같아도 성장의 밑거름으로 받아들인다. 또한, 삶 앞에 한없이 겸손해져야 한다는 사실도 함께 배웠다. 경험으로부터 깨달은 삶의 통찰을 나만의 문장으로 응축하여 가슴에 새겼다. 우리는 매 순간 삶의 끝에서부터 살아가는 연습이 필요하다. 내가 익숙하고 편안한 곳을 당장 뛰쳐나와 끝에서 다시 시작하는 마음으로 나를 낮추고 겸허해질 필요가 있다. 매 순간을 살얼음판 위를 걷는 마음으로 조고각하(照顧脚下)의 삶을 살아가야 한다. 끝으로 가서 먼저 생각하고, 끝에서부터 시작하라! 우리에게 편안함을 주는 곳은 달콤한 독약과 같다. 나는 필사를 하며 소란스러웠던 마음이 잔잔해지는 마음의 소리를 들었다. 진짜 나를 위한 삶은 편안함과 익숙함으로부터 부여받은 안락함이 아니다. 불편함도 기꺼이 감수할 만큼, 언제든 안전지대에서 뛰쳐나올 수 있는 선택에 망설이지 않는 준비된 마음을 늘 가지고 살아야 한다.

당시 나는 자필로 필사하며 소름 돋는 하루를 시작했다. 지금도 그 당시를 회상하면 가슴이 벅차다. 새벽 필사가 주는 힘의 결과를 현재의 내가 누리고 있기 때문이다. 내가 눈으로 보고, 믿고, 느끼는 모든 것은 진정한 나의 안전지대(comfort zone)가 아닐 수 있다는 것을 항상 가슴에 새긴다. 이러한 삶의 위기의식이 간호사의 길을 걸어가면서도 작가의 삶을 영속시킬 수 있는 빳

빳한 심지 같은 역할을 해 줄 것이다. 더 나아가 또 다른 안전지대를 향해 발돋움할 힘의 원천이 되어 나를 지속적인 성장의 길로 인도할 것이다. 내가 있는 곳이 안전한 곳이 아니라는 생각을 하기 전까지는 평범한 하루가 주는 안락감에 만족하며 살았다. 그 안에서는 내가 무엇인가를 적극적으로 해야 할 필요성을 느끼지 못했다. 하지만 힘들게 쌓아온 내 커리어가 침몰 직전에 와있었다. 내 인생에서 기대를 걸어 볼 유일한 희망이 나란 것을 깨달았다. 더 늦기 전에 나를 위한 그 무엇인가를 시작해야 한다는 결심이 서지 않았다면 끝을 모르는 새벽 기상은 엄두조차 내지 않았을 것이다. 새벽이 없었다면 책 또한 읽는 독서에서 그치고 말았을 것이다. 일상의 작은 변화가 삶의 풍경을 바꾸어 놓았다. 새벽 기상으로 책을 읽고, 필사하고, 동기부여 강의를 들으며 조용히 나를 키워낸 그 시간이 누적되어 내 안의 숨은 글쓰기 욕망을 불러냈다. 그리고 〈책성원〉이란 온라인 모임을 만나 타이핑 필사를 시작한 후 책까지 쓰게 되었다. 묵묵히 지켜 낸 그 시간이 나를 키워 준 셈이다. 나에 대한 기대가 커갈수록 나는 더 단단해지고 더 크게 성장하는 법을 배워가고 있다. 나는 마음의 심지를 바로 세우고 싶을 때마다 조성희 작가의 《뜨겁게 나를 응원한다》를 필사한다. 매일 마음 근육을 단련해가고 있다. 당신의 시간은 어떻게 흐르고 있는가? 완벽한 안전지대는 없다. 내가 완벽하다고 믿는 허상의 안전지대를 벗어나야 진짜 내가 성장할 수 있다. 지금 내가 서 있는 이곳은 또 다른 성장을 위한 발판이 되어 줄 뿐이다. 만약 내가 안전지대라고 굳게 믿고 있었던 병원에서 벗어나지 못한 채 간호사 생활을 이어가고 있었다면 어떻게 되었을까? 내 안에 숨겨진 능력을 써볼 기회도, 더 성장할 수 있는 시간마저 잃어버린 채 살고 있을 것이다.

내가 늘 있던 곳을 벗어나서야 비로소 새로운 사람들이 들어올 문이 열리고 새로운 도약의 발판이 되어 줄 새 안전지대를 만날 수 있다. 지난 시간을 돌이켜보면 어떤 형태로든 필사가 늘 함께했다는 것을 알 수 있다. 필사는 나를 성장하게 만든 조용한 스승이다. 그리고 나의 새 안전지대를 만들어 준 것 또한 필사였다. 나는 이 글을 읽는 독자라면 분명 성장하고자 하는 의지가 있는 사람일 것으로 생각한다. 안전지대를 벗어나고자 원한다면 첫 발걸음을 필사로 시작해 보는 것은 어떤가? 혹시 아는가? 나와 비슷한 길을 가게 될지! 누구도 내 안에 숨겨진 능력을 대신 꺼내줄 수 없다. 내가 먼저 안전지대를 벗어나야 사건도 생기는 법이다. 내가 불편해하는 것들에서 진짜 두려움을 이길 수 있다. 나를 위한 도전과 나에 대한 도전이 나를 더 크게 키운다. 삶의 안전지대는 성장이라는 동사의 삶을 살 때 더 견고해지고 치밀해진다. 당신을 안전하다고 믿게 만드는 '그것'을 조심하라.

내가 필사에 미친 이유는 간절함이다

　모든 일에는 간절함이 전제되어야 한다. 간절함이 없다면 추구하는 바를 모르기 때문에 하는 일에 속도를 낼 수 없다.내가 병원이란 곳을 떠나오기 전에는 그 간절함이라는 것이 작동하지 않았다. 간호사란 직업을 떠올릴 때 대부분 사람은 전문직이고 어디든 취업하는 데 문제가 없다고 생각할 것이다. 그것도 틀린 말은 아니지만 오랜 시간 병원 생활을 하며 20년 이상의 경험과 노하우를 가진 경력자라 하더라도 다시 무엇인가를 시작하는 것에 두려움은 있기 마련이다. 늘 일하던 곳을 벗어나 새로운 직장에 들어가면 낯선 사람들과 부딪히며 생소한 업무를 처음부터 익혀야 한다. 이러한 부담감은 문득 두려움이 되어 가슴을 답답하게 조

23

여왔다. 오랜 경험이 나의 든든한 버팀목이 될 줄 알았다. 이러한 내 생각과는 달리, 살아온 시간의 반영인 나이가 어느새 족쇄가 되어 자신감을 소리 없이 좀먹고 있었다. '내가 잘할 수 있을까?' 란 생각이 꼬리표처럼 따라다니며 답을 찾길 원했다. 반백 살 가까이 되어 찾아온 강도 높은 마음 지진은 간절함을 갈구했다. 간절함은 나를 살린 심폐소생술이다. 쉰이 되기 전 새로운 삶에 대한 개척을 내 손으로 꼭 이뤄내고 싶었다. 운명 같은 타이핑 필사를 시작하면서 '간절함'에 불똥이 붙었다. 매일 하루 한 꼭지 필사할수록 '글을 써야겠다'라는 강한 열망이 가슴을 뜨겁게 달구었다. 실직 기간을 내가 한 일로 인해 많은 이들에게 인정받는 시간으로 잘 살아내겠다는 의지가 더욱 견고해졌다. 내가 생각해도 '너 참 잘 해냈어!' 할 만한 결과물을 만들어 내야지 하는 간절함이 필사의 가속도를 높였다. 이루고자 하는 열망과 간절함이 만나니 필사를 멈출 수 없는 '절대 이유'가 생긴 것이다.

실업급여 기간도 얼마 남지 않았다. 꾸준히 구직활동을 하며 필사하며 글을 쓰고 있다. '글 쓰는 간호사의 삶'을 살기 위해 매분, 매초, 매시간들이 눈앞에서 사라지는 것이 안타까울 정도다. 구직이 되면 매일 일터로 나가야 하기에 지금과 같은 호사는 누리고 싶어도 누릴 수 없는 귀한 시간이다. '나는 무조건 인생 첫 책을 쓰고 말 것이다'라는 간절함이 필사에 매달리게 했다. 내 생에 지금처럼 시간에 나를 온전히 내맡긴 적이 있었나 싶다. 내가 가장 절박했고 절망스러웠던 순간, 타이핑 필사가 내 인생 변곡점이 되어 줄 것이라는 한 줄기 희망의 빛을 보았다. 나의 간절함이 새로운 인생 2막을 여는 마스터 열쇠로 타이핑 필사를 연결해 준 것이다.

'신이 우리에게 시련을 보내는 것은 우리를 좌절시키려는 것이 아니라, 새로운 삶의 시작을 일깨워 주기 위함이다.'

마흔 중반, 인생 계획에 없던 실직으로 인해 나는 타이핑 필사로 작가의 삶을 꿈꾸게 되었다. 어떤 이들은 나의 실직이 부럽다고 한다. 매달 놀고 있어도 실업급여가 들어오고 여유 있는 삶을 사는 게 부럽다고. 하지만 막상 내 일이라고 생각하면 어떨까? 어느 날 갑자기 일하던 부서가 사라졌다. 의지와 상관없이 직급을 내려놓고, 실직하기까지 속이 새까맣게 타들어 가는 것만 같았다. 수많은 고민과 다가올 미래에 대한 불안감으로 얼마나 밤잠을 설치며 뜬 눈으로 아침을 맞이했을지 짐작이나 할 수 있을까? 입 밖으로 내지 못하고 속이 문드러질 만큼 아팠던 시간 속으로 들어와 보지 않은 이상 그 말은 무거워야 할 말이다. 누구보다 내 시간에 후회 없이 살기 위해 오늘도 필사하고, 글을 써 내려간다.

누가 내 글을 읽어 줄까가 아닌 나를 위한 글쓰기를 한다. 내 글을 읽고 삶의 변화를 꿈꾸는 단 한 명의 독자만 있어도 글 쓸 이유는 충분하다는 소박한 마음으로 필사에 간절함을 담는다.

내가 책을 읽는 이유는 책 속에서 수많은 현인을 만나며 삶의 해답을 찾아가는 여정이 즐거워서다. 한 꼭지 타이핑 필사도 마찬가지이다. 눈과 손의 협동으로 자판을 두드리며 가슴에 꽂히는 문장이 주는 울림과 깊은 통찰로 삶을 객관적으로 돌아보게 된다. 현재의 문제를 풀 실마리를 찾고 더 선명한 미래를 설계한다. "인내는 쓰지만 그 열매는 달다."라는 말이 있다. 간절함으로 필사에 매달린 시간은 작가의 삶을 살게 했다. 독자는 작가의 글을 통해 또 다른 세상을 본다. 작가는 자신이 쓴 글을 통해 또 다른 세상을 본 최초 목격자이다. 필사로 새겨진 작가의 글은 신의 언어처럼 느껴진다. 필사하면 할수록 필사의 마력에 빠져드는 만큼 작가란 직업에 대한 동경심(憧憬心)도 커졌다.필사를 통해 절망의 순간에도 내가 잡을 한 가닥 희망의 끈이 있다는 사실에 안도할 수 있었다. 소란스러웠던 정신과 심신이 필사로 고요해지고 안정을 찾아갔다. 망설임과 두려움의 그림자를 지우니 한 꼭지 타이핑 필사로 책 읽는 즐거움이 더해져 우중충했던 내 삶도 반짝반짝 광택이 나는 듯했다.

일이 잘 풀리지 않고 답답할 때 책을 정리한다. 집안 여기저기

흩어져 있던 책들을 정리하며 책장을 넘기곤 한다. 밑줄 쳐진 글들에 시선이 머물러 책장을 한두 장 넘기다 보면 아예 자리를 잡고 쪼그려 앉아 읽는다. 나는 이런 소소한 일상이 주는 기쁨이 좋다. 그러다 책의 맨 뒷장에 잘 붙여진 네모난 흰 색 메모지 한 장이 눈에 띄었다. 그것은 미래의 나에게 보내는 주문장이었다.

'글 쓰는 간호사 <매일 10분 글쓰기>
확언과 필사 관련 책 출간하기!'

언제 내가 이 메모를 적었었는지 기억이 나질 않는다. 시간을 거슬러 올라가 보니 새벽 기상을 하며 책을 읽고, 필사하던 초기였던 것 같다. 자기계발 도서를 꾸준히 읽으며 확언의 중요성을 깨닫고, 쓰면 더 그 효과가 크게 작용한다는 말에 적었던 것 같다. 그 뒤로는 까맣게 잊고 있었는데 책을 정리하다 눈에 띄게 된 것이다. 정성들여 꾹꾹 눌러쓴 나의 필체를 본 순간 온몸에 전율이 감돌았다. 피부의 솜털 한 올 한 올이 기지개를 켜는 듯 했다. 초창기 새벽 시간의 독서와 필사는 마음 근력을 쌓는데 의미를 둔 시간이다. 글을 써야지 하는 마음보다 출렁대는 마음이라도 다스려보자, 라는 정신수양의 개념이 더 큰 시기였다. 이해가 되지 않는 행동이지만 책을 쓰겠다는 발칙한 생각을 했었다니! 나조차도 어안이 벙벙할 정도다. 글을 적어놨을 정도면 그때의 나는 이미 작가가 되고 싶었던 것일 텐데 나는 왜 잊고 있었던 것일까? 곰곰이 생각해보니 간절함이 그때는 부족했기 때문이다. 직장을 다니고 있었고, 쉽게 말하면 병원이 힘들다 해도 직장생활을 이어가고 있었기에 크게 지금 당장의 아쉬움이나 간절함이 없었기 때문일 것이다. 메모에 담겨 놓은 간절함이 발동이 걸려 세상에 드러나기 시작한 건 내가 직장을 그만둔 후의 삶을 재편성하기 위한 몸부림 때문이다. 병원 생활만 하며 내 남은 삶을 살기 싫었다. 50살이 되어도, 60살이 되어도 나는 우아한 작가 할머니로 기억되고 싶다. 진짜 소망을 적으면 이루어지나 보다! 내가 이런 소름 돋는 순간을 경험하게 될 줄이야! 타이핑 필사 4개월 만에 공저 책 《필사 POWER》 초고를 완성했다. 그리고 이어달리기하듯이 개인 저서 초고 집필에 도전했다. 내가 잊고 있던 진짜 꿈을 이뤄가고 있다는 사실이 놀랍고 신기할 뿐이다. 간절함이 내게 〈책성원〉의 N 작가와 타이핑 필사의 세계로 인도했다. 간절함으로 필사하고 하루를 버티며 내 글도 써 내려간다. 적어보라, 진짜 바라던 소망이 어느 날 현실이 되어 힘없이 누워있던 솜털이 벌떡 일어나 소름 돋게 할지도 모른다.

간절함으로 필사해라. 간절히 원하면 우주가 나를 위해 움직이기 시작한다. 이러한 말을 가볍게 여기지 않길 바란다. 나는 간절함으로 필사를 하며 이 간절함이 이뤄내는 과정이 어디까지 나를 데려갈지 몹시 기대된다. 어떤 이는 내가 대단한 작가라도 된 양 군다고 말할지도 모르겠다. 하지만 나는 누가 뭐래도 괜찮다. 이미 몽둥이를 맞을 준비는 되어있다. 단지 꾸준히 필사하고 또 필사할 뿐이다. 필사는 꾸준함도 무기가 된다는 것을 일깨워주었다. 남들이 꿈에도 생각하지 못하는 하루 한 꼭지 타이핑 필사를 하며 하루빨리 많은 이들이 필사 행렬에 동참하길 바라는 마음이다. 간절함으로 시작된 필사가 한 권의 책이 되어 발길 닿기 힘든 곳까지 뻗어 나간다. 타이핑 필사는 쉽고 빠르게 실제 삶을 변화시킬 가능성이 크기에 오늘보다 더 나은 내일을 위해 매일 필사한다. 필사로 인생 혁명한다! 오늘 필사하지 않으면 이 순간은 편할 것이다. 하지만 오늘 필사하면 내일의 나는 쓴만큼 강력해진 필사의 힘을 쟁취한다. 안 되는 일은 없다. 간절함이 가득한 일은 어떤 방식으로든 나를 위해 움직이고 나를 돕는다.

어린 시절, 동네 친구들과 수박을 먹으며 웃고 떠들던 추억이 떠오른다. 잘 익은 수박을 한 입 크게 베어 먹으며 곧잘 장난을 치곤 했다. 자기 얼굴에 수박씨 뱉기 놀이를 하며 엉뚱한 곳에 붙은 수박씨를 보고 숨이 넘어갈 듯 깔깔대던 우리였다. 서로의 우스꽝스러운 얼굴을 바라보며 배꼽을 잡고 해맑게 웃던 모습이 지금도 눈에 선하다. 그때 친구 한 명이 먹다 뱉은 수박씨를 보며 '이거 땅에 심으면 진짜 수박이 열릴까?', 라며 궁금증을 불러일으켰다. 우리는 친구의 말 한마디에 장난 반 호기심 반으로 수박씨를 모아 땅에 정성껏 심었다. 동네에서 친구들과 놀다가도 혹시나 하는 마음에 우리가 심어 놓은 수박씨를 찾아가 물도 주며 설레는 마음으로 지켜보곤 했다. 나는 아직도 그 시절 그 수박 씨앗이 보여준 작은 기적을 잊을 수 없다. 신생아 손톱만 했던 수박 씨앗은 인고의 시간을 지나 땅속의 어둠을 뚫고 초록빛 싹을 틔웠다. 넝쿨을 이루며 자라는 앙증맞고 소담스러운 수박을 보며 놀라움과 기쁨을 감출 수 없었다. 별 기대 없이 시작된 일이었지만, 수박은 우리 각자가 품었던 간절한 바람이 담긴 결과물이 아니었을까? 수박씨는 간절함의 힘으로 땅을 뚫고 나와 자신이 할 수 있는 일을 해냈다. 필사에도 간절함을 담는다면 필사로 해낼 수 있는 모든 가능성에 도전할 힘이 생긴다. 내가 시도한 작은 도전들은 기필코 현실로 드러난다. 지금 나는 '내 이름이 적힌 인생 첫 책'이라는 열매와 마주하며 오늘도 필사에 간절함을 담아본다. 간절한 바람이 만든 작은 기적처럼, 나의 도전도 그에 합당한 열매로 현실이 될 것이다.

간절함으로 필사에 들인 시간과 그 흔적은 나를 새로운 삶의 도약으로 이끌었다. 반드시 내 글을 끝까지 잘 써내서 하나의 책으로 세상에 나오길 바라는 마음으로 필사에 힘을 보탠다. 간절함에는 반드시 행동이 전제되어야 한다는 것을 명심하자. 그 행동이 결과를 만들어 낸다! 이것이 내가 필사를 하는 이유이다.

필사하니 나도 쓰고 싶어졌다

살면서 책을 읽는 사람을 만나는 것이 이렇게 힘들 줄 몰랐다. 인스타그램을 시작한 후에야 '책'이란 공통 관심사를 가진 다양한 이들과 함께할 수 있었다. 평상시 내 주변에서 책 읽는 이들을 보는 일은 가뭄에 콩 나듯 하여 마음껏 소통할 기회가 없었다. 나와 관심사가 비슷한 이들을 만나기 어렵다는 사실에 늘 아쉬움이 있었다. 그래서일까? 책을 가까이하는 이들을 만날 때면 소울 메이트를 만난 것처럼 반가운 일이 되어버렸다. 직장 동료 중에서도 유일하게 마음을 나눈 이 또한 책의 연결고리가 컸다. 손에서 책을 놓지 않고 꾸준히 읽는 모습이 인상적이었다. 책 읽는 사람에게 마음이 홀린다. 그 모습은 한 폭의 아름다운 풍경과 같다. 향기가 나고 바람이 분다. 나와 비슷한 결을 가진 이일 것 같은 기대감이 상승한다. 종이책을 읽는 이를 만난 게 언제였던가. 나의 동료도 독서와 필사를 하고 있었다. 가슴을 울리는 문장을 만나면 잠시 멈추고 반듯한 정자체로 손필사를 한다. 필사한다는 것은, 생각을 쪼개고 가슴을 뛰게 만드는 글을 따라 쓰는 동안 그 문장들이 주는 울림을 기억하고자 애쓰는 마음이 고스란히 쓰는 행위에 담겨있음을 의미한다. 나 역시 이러한 마음으로 필사를 한다. 자필 필사는 아무나 그냥 하는 것이 아니다. 책에 관한 관심과 책 읽기, 그리고 책 속의 문장들에서 받은 감동이 더해질 때 쓰는 욕구는 자연스레 따라서 온다. 문장에서 느껴지는 가슴 벅찬 여운과 함께 인두 같은 문장을 오래 기억하고, 새기고 싶은 마음이 필사를 하게 한다. 단 한 문장이라도 적게 되는 독서가 필사의 시작이다.

책을 가까이하는 사람은 책이 없으면 불안하다. 내가 그렇다. 책을 읽든 안 읽든 책과의 거리가 가까울수록 안심이 된다. 책을 좋아하는 이들은 작은 가방을 선호하지 않는다. 책 한 권은 들어갈 수 있는 최소한의 크기의 가방이 손에 들려 있다. 나는 10분 거리의 직장을 가더라도 항상 책을 가방 안에 넣고 다녔다. 퇴근길 중간에 분위기 좋은 카페로 마음이 돌아설 때가 종종 있다. 그러면 나는 카페에 머무는 동안 책을 읽으며 잠시 휴식을 취한다. 독서 삼매경에 빠져 보낸 혼자만의 시간이 그렇게 황홀할 수가 없었다. 지친 하루의 얼룩을 말끔히 씻어 낸 기분으로 집으로 돌아갈 수 있었다. 또한, 나는 책을 읽다가 심장을 뜨겁게 만드는 문장을 만나면 지체없이 적어야 되기 때문에 노트와 펜은 반드시 챙긴다. 읽을 책 한 권과 노트 그리고 펜이 내 가방 안에 있다는 사실만으로 곳간을 가득 채운 곡식처럼 든든하게 하는 힘이 있다. 당신의 가방 안에는 무엇이 들어있는가? 지금 당장 꺼내 보길 바란다. 가방 속 물건이 당신을 말해줄 것이다. 자신의 삶과 직결된 비밀스러운 공간이 바로 가방 속이다.

　평소 책 읽기를 좋아하는 나이기에 책을 읽다 보면 글의 풍년을 맞을 때가 많다. 그만큼 기억하고 싶은 좋은 글들이 한꺼번에 눈에 들어오는 날이면 어김없이 시간을 들여서라도 다이어리나 노트에 적어야 했다. 왜냐하면, 보통 책을 읽고 나면 다시 읽는 경우는 잘 없는 것 같다. 두 번 세 번 읽고 싶은 책을 만나기 쉽지 않다. 그래서 나는 어떻게든 적는 것을 선택했다. 필사를 하다 보면 책 속에 담긴 저자의 글에 내 생각이 더해져 짧은 글이라도 적을 기회가 온다. 남의 글을 따라 쓰다 보면 자연스럽게 내 생각을 담아낸 글도 쓰고 싶어지는 게 인지상정이다. 책을 읽어야 좋은 문장을 가려내는 좋은 글눈이 생긴다. 이런 사실을 깨달은 것도 꾸준히 책을 읽다 보니 느껴졌다. 나는 책을 읽어내는 연습을 시작하라고 말하고 싶다. 책을 읽지 않는 사람이 필사를 오랫동안 이어가기란 힘들다. 책을 읽어보지 않은 사람은 좋은 책을 줘도 10분도 앉아 읽지 못한다. 눈꺼풀이 이불이 되는 건 시간문제다. 책을 읽어 내지를 못하니까 딱히 가슴에 새기고 싶은 문장이 있을 리도 없다. 그 말은 적고 싶은 글이 없다는 의미다. 매일 10분씩 책을 읽어나가도 그 10분이란 시간이 전해주는 책 읽기의 가치는 어마무시하다. 친구보다 먼저 약속 장소에 나와서 기다릴 때 멍하니 자리에 앉아 있는 것을 나는 좋아하지 않는다. 그럴 땐 어김없이 책을 꺼내 읽는다. 책을 읽은 그 잠깐 사이에도 그날의 분위기와 내 마음을 통과하는 문장의 떨림이 심장의 파도를 크게 일으킬 때 지체없이 노트를 펼쳐 그 문장을 따라 적는다. 문장이 주는 감동에 정신없이 적어갈 때 친구가 나타나 "뭐하냐?" 하고 내 어깨를 툭 친다. "뭘 그리 적고 있노? 우리 나이에 책을 읽는 사람은 너뿐이다. 역시." 하며 말을 건넨다. 너무 감동적이라 적었다며 상기된 얼굴로 필사한 문장을 읽어주면 그녀는 나만큼 크게 감동받은 눈치가 아니다. '음~ 좋은 글이네.' 요정도? 한껏 부풀었던 마음에서 김빠지는 소리가 들리는 듯하다. 나는 무엇을 기대했던 것일까? 책을 읽다 우연히 만난 뜨거운 문장 하나에도 심장이 '쿵' 하고 내려앉는 순간이 있다. 친구는 이런 내가 신기한 듯 "아직도 네 안에 소녀가 사는군." 그런다. 문장을 곱씹어 그 문장이 주는 진한 여운을 느껴보려는 시도조차 엄두 내지 못한다. 그냥 책을 읽으면 잠이 먼저 온단다. "너니까 책을 읽고 적는 거지!"라는 말로 끝난다. 나니까 책을 읽고 쓴다고? 나는 도대체 어떤 사람이길래 이런 논리에 맞지 않는 궤변을 늘어놓는 것일까? 책 읽고 쓰는 사람이 따로 있나? 책과 친해지려고 스스로가 노력해야 한다. 사람과의 관계도 노력을 해야 하는데 말이 없는 책과의 친분을 쌓으려면 더 많은 노력이 필요할지도 모를 일이다. '나는 안 된다'는 말 대신 '나도 해보자'라는 마음으로 책과 친해지는 노력을 해보자. 조금씩 흩어진 시간을 모아 책을 읽다 보면 펜을 들고 단 한 문장이라도 필사하게 될 것이다.

긴 글을 읽고 필사를 하기가 힘들면 시집을 읽고 필사를 하는 것도 추천한다. 일단 읽어야 적는다. 느끼는 것이 있어야 적고 싶은 마음이 든다. 대구 F 병원에서 일하던 당시 무서우면서도 일도 잘하는 선배가 있었다. 선배가 무서웠던 나는 함께 일하면서도 선배 앞에서 실수라도 할까 봐 눈치 보느라 온종일 가슴에 돌덩이를 얹고 일하는 것 같았다. 낮에 근무하면 업무량에 치여 서로 얼굴 보고 말하는 시간이 적다. 하지만 간호사의 3교대 근무 번 중에서 밤 근무 시간만큼 서로의 감정과 그 사람을 빨리 알아가게 하는 시간은 없는 듯하다. 상대적으로 밤 근무는 조용한 편이라 잠깐씩 이야기를 나눌 시간이 주어진다. 그렇게 무섭고 어려웠던 선배의 숨겨진 모습은 지성미 그 자체였다. 알고 보니 책을 좋아하는 사람이었고, 서로가 좋아하는 시에 관해서도 이야기를 나눌 만큼 책에 대해서는 은근히 공감되는 부분이 많았다. 그래서일까 하룻밤 근무를 했을 뿐인데 그 후로 선배에 대한 감정이 말랑말랑한 젤리처럼 부드러워졌다. 둘만의 비밀을 간직한 듯한 기분으로 선배와 근무를 하게 될 때면 대화는 자연스레 책 이야기로 이어졌다. 그 당시 우리는 시를 이야기하며 시를 따라 쓰기도 했다. 한창 선배와 나의 20대를 설레게 한 시는 시인 류시화와 이정화의 시들이다. 연애 세포가 살아 숨 쉬는 나이라 시를 읽으며 사랑을 나누는 사람처럼 가슴이 설렜다. 연인을 기다리는 마음이 고스란히 전해져 덩달아 내 심장도 콩닥거렸다. 언제 끝날지 모르는 외사랑, 그 애절함에 가슴이 쓰리듯 아팠다. 시와 공감된 마음이 시를 따라 적게 했다. 나는 이정하 시인의 '고슴도치 사랑'을 따라 적었었던 기억이 있다. 고슴도치는 몸에 갈색과 하얀색이 섞인 바늘처럼 뾰족한 가시들로 덮여있다. 집에서 고슴도치를 키우는 사람들도 있다. 하지만 생각보다 고슴도치 키우는 일은 쉽지 않다고 한다. 고슴도치는 경계심이 많으므로 친해지려면 시간과 노력이 많이 필요한 동물이란다. 워낙 독립성이 강한 동물이기에 한 마리 이상 같이 키우게 되면 서로가 경쟁하고 스트레스를 받는다고 하니 같은 공간에 있어도 내겐 너무 먼 당신이다. 이러한 고슴도치의 성격을 사랑으로 승화시켜 아름답게 표현한 한 편의 시가 마음에 와 닿았다. 서로 사랑하지만, 몸에 난 가시 때문에 가까이 갈 수 없다. 서로에게 가까이 가면 갈수록 상처를 남긴다는 것을 알기에 적당한 거리에서 그들만의 아름다운 사랑을 한다. 서로가 상처받지 않을 만큼의 '적당한 거리'에 대해 생각했다. 고슴도치의 뾰족한 가시가 내 심장을 쉴 새 없이 콕콕 찌르는 것만 같은 통증이 밀려왔다. 이 시를 다시 읽는 지금도 뭉클함과 먹먹함이 온다. 이 한 편의 시를 필사하며 사랑의 의미를 생각해본다. 사랑은 적당한 거리에서 서로를 존중하고 마음을 다할 때 서로에게 행복이 되어 줄 수 있다. 시를 읽으며 자신의 마음을 느끼고 필사를 시작해보자. 손으로 쓰든 자판으로 치든 책이 전하는 감동이 선행되면 필사로 연결되는 것은 시간문제다. 필사의 시작은 꾸준한 독서의 힘으로 직결되고, 글쓰기로 통하는 한 줌 빛줄기가 되어준다.

지금 나에겐 필사가 일상의 으뜸이 되었다. 하루의 우선순위가 타이핑 필사에 맞춰 움직이고 있다. 타이핑 필사는 쓰면 쓸수록 나도 글을 쓰고 싶다는 욕망을 꿈틀거리게 한다. 책, 이제 쓰면서 책을 읽어라. 나에게 책은 필사로 통한다. 읽기만 하는 책에서 멈추면 안 된다. 내 글도 쓰게 하는 필사 독서를 해야 할 때이다. 손 필사의 감각을 가지고 타이핑 필사의 세계로 들어오는 길까지 나는 멈추지 않았다. 필사하기 위해 책을 읽는다. 숨은 명문장을 발견해서 필사하고 싶은 마음으로 책을 읽는다. 문장을 발견하는 기쁨과 그 문장을 따라 쓰는 즐거움이 책 읽는 속도를 높여준다. 책 속에서 발견한 인생 문장들을 필사하며, 그 문장을 닮은 글을 나도 쓰고 싶어진다. 차곡차곡 좋은 문장들을 수집하며 언젠가 글을 쓸 마음도 함께 모아간다. 책을 읽으면서 필사를 한다고 말했던 내가 필사를 하면서 책을 읽는다고 말한다. 그냥 있지 마라. 많은 사람이 할 수 없다고 말할 때 시작하라. 할지 말지는 내 의지가 선택을 할 것이다. 한다고 결단을 내리는 순간, 내 안에 있는 힘이 움직이기 시작한다는 것을 필사하면서 나는 강하게 느꼈다. 책 한 장이라도 읽는 습관을 내 삶에 초대하라. 그리고 필사를 시작하라. 오늘 내가 따라 쓴 글이 내일의 내 글이 되어 쓰이는 날이 올 것이다.

긍정 확언도 필사의 연장이다

새옹지마(塞翁之馬)라는 고사성어가 있다. 세상에 생겨나는 모든 일에는 변화가 많아 어떤 것이 좋고 나쁠지 알 수 없기에 길흉화복을 예측하기 어렵다는 말을 의미한다. 나는 '인간만사 새옹지마(人間萬事 塞翁之馬)'라는 말을 늘 가슴에 품고 산다. '사람이 사는 세상에서 일어나는 모든 일은 좋다가도 나쁠 수 있고, 나쁘다가도 좋아질 수 있다. 눈앞에서 일어나는 결과만을 보고 너무 기뻐하거나 너무 슬퍼하지도 말고, 모든 상황을 겸허히 받아들여라.'라는 가르침을 주고 있기 때문이다. 이 말을 되새기며 나는 매일 새벽 하나의 의식을 치른다. 그것은 바로 나를 위한 '긍정 확언 필사'이다. 산다는 것이 가끔 지치고 힘들다고 느껴질 때가 있다. 그 기운 빠지는 감정에 내가 휘둘리기 시작하면 숨 쉬는 것 자체가 원망이 되기도 한다. 사는 게 고되고 하는 일이 내 맘 같지 않을수록 나의 감정을 의식적으로 제어할 필요가 있다. 쉽고 간단하게 하루 10분이면 긍정 확언 필사로 나의 감정을 바꿀 수 있다.

새벽은 하루를 시작하기 전 나 자신을 위해 긍정 확언을 하고 긍정 씨앗을 심어주기에 안성맞춤이다. 긍정 확언의 힘은 당신이 생각하는 것보다 대단한 힘이 있다. 매일 나를 위해 들려주는 말이 내 잠재의식에 심어지면 서서히 싹을 틔울 준비를 시작한다. 긍정 확언은 짧으면서도 강력한 마음단련의 최고 도구이다.

내가 마지막 직장에서 일하던 부서는 조리원이었다. 매일 때 묻지 않은 맑은 아기천사를 만나고, 아이를 낳은 후 진짜 엄마의 과정을 하나씩 배워가는 산모들을 만나는 곳이다. 그런 신성한 일을 하면서 내가 못된 생각과 탁한 마음을 가지고 일을 하러 간다고 생각해보라. 누가 내 소중한 아이를 믿고 맡길 수 있으며, 마음 편히 몸조리할 수 있겠는가. 나는 적어도 내 일에 있어서는 책임을 다해야 한다는 생각을 하고 있다. 그래서 병원이 힘들고 입실하는 아기의 수가 적든 많든 오늘 주어진 나의 일에는 최선을 다해야 한다는 마음을 놓치지 않으려고 노력했다. 그렇게 조리원이 문을 닫는 마지막 순간까지 큰 탈 없이 버틸 수 있었던 것에 이런 긍정 확언의 힘도 한몫한다. 확언을 하면 집 밖을 나올 때 저절로 감사함이 몰려온다. 경영난에 힘들어 고군분투하면서도 병원 경영을 이어가고 있는 병원장님께도 감사했다. 내가 지금 일하러 갈 수 있는 직장이 있어 감사했다. 하루를 시작하기 전 나의 감정선을 바꿔만 놓아도 이렇게 삶은 충분히 살만하다는 것을 피부로 느낀다. 믿기지 않는가? 한 번 꼭 시작해보길 바란다.

나는 루이스 헤이의 확언을 따라 적는다. 새벽에 일어나서 매일 처음 하는 것이 긍정 확언이다. 나에게 처음 하는 말이 가장 강력히 잠재의식에 새겨진다고 한다. 눈을 뜨고 맨 처음 나에게 들려주는 말은 내가 듣기에도 거부감이 없는 깨끗한 언어로 조화를 이룬 문장이면 충분하다. 어떠한 불순물도 들어가지 않은 순수한 확언을 해야 나에게도 효과가 있을 것 같았다. 루이스 헤이의 확언은 맑은 영혼이 들려주는 문장이며, 나를 사랑하게 하는 힘이 있는 확언들의 보물창고였다. 현재 나는 《루이스 헤이의 나에게 힘을 주는 생각》이란 책으로 아침 긍정 확언을 필사하고 10번 외친다. 그러면 오늘도 나를 위해 또 한 가지 위대한 일을 한 것에 스스로를 칭찬한다. 또한 나는 책을 읽으며 나에게 들려주면 좋겠다 싶은 문장이 눈에 들어오면 확언 문장으로 바꿔 써 본다. 평범했던 문장을 확언으로 바꾸면 그 문장은 힘을 갖게 된다. 더 깊게 와닿는 힘 있는 문장이 생각과 행동의 변화를 자극한다. 루이스 헤이의 긍정 확언을 하기 전에는 가장 마음에 드는 문구를 가져와 매일 선물 받은 예쁜 노트에 적었었다. "현주야, 잘하고 있어. 나는 너를 사랑해. 모든 것은 완벽해.", "다 괜찮아질 거야, 이 또한 다 지나갈 거란 걸 나는 알고 있어. 한 쪽문이 닫히면 다른 새로운 문이 열리게 되어있어, 이걸로 충분해."라며 확언을 적으며 한 문장 한 문장 나 자신에게 진심으로 마음에 새겨 넣는 훈련을 했다.

확언은 거창할 필요도 없다. 나에게 들려주었을 때 마음 깊은 곳에서부터 전해져 오는 편안한 울림만으로도 족하다. 그 좋은 문장을 밥 먹듯이 매일 자신에게 들려주는 데 의의가 있다. 나와 자신의 삶에 확신을 담은 긍정의 말 한마디가 부정적인 감정에서 벗어날 수 있도록 도와준다. 나는 이 말들을 매일 번갈아 가며 내게 들려준다. 그리고 루이스 헤이의 확언도 필사한다. 어느새 이러한 노트들이 다 나의 소중한 기록물이 되었다. 내 글씨체로 새겨진 확언들을 다시 봐도 벅찬 기운이 든다. 아마도 그 시간, 나를 위해 써 내려간 긍정의 확언의 강력한 힘의 일부가 내 손가락을 전도체 삼아 고스란히 노트로 옮겨 간 것은 아닐까. 긍정의 말들은 내 무의식에 내재되어 있던 부정적 생각을 밀어내고 그 자리에 긍정적 생각을 새롭게 채워 넣는다. 일이 틀어지거나 뜻하지 않은 상황에서도 나에게 부정적인 언어보다 긍정적인 언어를 심어주는 쪽이 마음이 편하다. 내가 몸담고 있던 직장을 나올 때 걱정보다는 가능성에 더 집중했다. '이것은 하늘이 준 기회다! 글을 쓰라는 신의 선물이야!', '내가 다시 일할 곳은 반드시 있어! 분명 나에게 꼭 맞는 좋은 자리는 다시 온다!' 이런 확신을 나에게 의식적으로 들려주려고 노력했다. 생각해보면, 내가 살아온 경험치를 돌아봤을 때 '죽을 것 같이 힘들다'란 생각이 들었던 그 순간에도 어떻게든 살아내는 구실이 생겼다. 늘 한 쪽 문이 닫히면 다시 또 다른 출구가 나를 기다리고 있었던 것 같다. 그래서 나이는 허투루 먹지 않는구나 싶다. 먹은 나이만큼 수용의 나이테도 하나씩 늘어난 탓 일게다. 빨리 인정하고 받아들이는 시간이 짧아지는 것을 느낀다.

《나는 어떻게 삶의 해답을 찾는가》의 고명환 작가는 유튜브 고명환 TV에서 매일 긍정 확언을 외치며 많은 이들에게 귀감이 되고 있다. 붓기가 덜 빠진 모습 그대로 아침에 일어나 목소리에 힘을 주며 인사한다. 그다음 깨달음을 주는 이야기를 들려주고 확신에 찬 목소리로 긍정 확언을 외친다. 그것도 막힘없이! 그는 긍정 확언을 한 후로 슬럼프에 빠지는 일은 없어졌다고 전한다. 긍정 확언으로 내가 바라보는 세상이 달라졌기 때문이지 않을까?

긍정 확언을 하다 보면 마음이 조금씩 좋은 것을 향해 움직이기 시작한다. 더는 이전의 내가 아니기 때문이다. 내가 변했기 때문에 내 눈에 보이는 세상이 달라진 것이다. 품질 좋은 긍정 씨앗을 심고 매일 긍정의 물을 주었더니 당연히 그 열매도 맛도 색깔도 좋을 것이다. 나 역시 긍정 확언 필사하며 예전에 비해 많이 긍정적으로 생각하게 되었다. 내 마음이 밝은 기운으로 가득 채워지니 짜증 나는 일에도 대수롭지 않다는 듯 일보 후퇴할 여유가 생겼다. 나도 모르게 고된 일에 지쳐 '내가 왜 사나'하는 마음이 불쑥불쑥 가슴을 후려치고 올라오더라도 이내 내려놓고 마음의 안정을 찾아갔다. 확언은 자신에게 확신을 가지고 들려주는 말이기에 쓰면서 마음속으로 되뇌는 말도 입 밖으로 외치는 말도 모두가 확언이다. 기분이 안 좋다고 무심코 내뱉는 부정의 말도 다 나에게 하는 말이니 이왕이면 사랑이 가득한 긍정 확언을 매일 나에게 들려주면 어떨까?

타이핑 필사를 하거나 지금처럼 글을 쓸 때 '내가 지금 뭐 하고 있나?' 하는 잡생각이 문득 들 때가 있다. 나는 알아차림 그 순간 내 모니터 앞에 적힌 글들을 자판으로 써 내려가기 시작한다. '날이 갈수록 나는 모든 면에서 점점 더 좋아지고 있다', '진심절원! 참으로 믿고 간절히 믿고 바라라! 목표를 정하고 성취하기 위해 노력하라!'라는 말을 눈으로 뚫어지게 응시하며 자판 위에 놓인 손가락을 빠르게 움직인다. 이때는 노트도 펜도 필요 없다. 이것은 타이핑 필사를 하기 시작하면서 생긴 습관이다. 한참을 자판을 두드리고 나면 뭔가 후련해지고 깨끗해지는 기분이다. 이러한 기분전환 후 남은 필사와 글쓰기는 좀 더 수월해진다.좋은 글은 좋은 마음을 먹게 한다. 그 힘으로 다음 일을 시작할 용기도 얻는다.

나이가 드니 무심히 흐르는 시간이 아깝다. 남들은 어떻게 새벽에 일어나 책을 읽고, 필사도 하며 긍정 확언을 이어갈 수 있냐고 묻는다. 단언컨대, 시작하고 그 시간에 익숙해지면 쉽다. 이건 거짓이 아니다. 시간이 없다는 것은 내가 잠에게 아침 시간을 양보하고 싶지 않아서 생긴 변명이다. 긍정 확언을 필사하는데 10분이면 충분하다. 그 10분을 투자하면 좀 더 나다운 삶에 가까이 살게 된다. '아름답다'의 '아름'은 '나(我)'를 지칭하는 말이라고 한다. 나는 '아름답다'가 '나답다'로 마음으로 들어오는 순간, '나답게 사는 것이 진짜 아름다운 삶이구나.' 하고 깨달았다. 나는 '아름답다'의 숨은 의미를 알고 난 이후부터 이 말이 참 좋아졌다. 평소 '나답다'라는 말을 참 좋아했는데 이를 대신할 좋은 짝꿍을 만난 것 같은 기분이다. 내가 행하는 모든 것은 나답게 하는 일이고 내가 어떤 사람인지 매 순간 확인시킨다. 매일 어느 시간 때든 나를 위한 하루 10분 긍정 확언 필사를 시작해 보자. 나답게 무슨 일이든 꾸준히 하다 보면 '나답게' 살게 된다.

플러스 시간이 플러스 삶을 만든다

하루는 24시간이다. 누구에게나 공평하게 주어진 24시간이 나에게는 100m 달리기를 전력 질주하는 것 같은 숨 막힌 시간이었다. 눈뜨면 아침, 돌아서면 저녁이다. 나보다 가족들을 중심으로, 직장 일을 우선으로 움직이다 보니 나를 위한 시간은 어딘가로 자취를 감춰버린 지 오래된 듯하다. 다니는 직장은 하루하루가 살얼음판 위를 걷는 듯 아슬아슬하다. 하루가 멀다 하고 들려오는 좋지 않은 소문들로 병원이 들썩거린다. 근거를 알 수 없는 직원들의 말 한마디에 병원 문은 열두 번도 더 닫았다 열었다 한다. 그만큼 병원경영이 힘든 탓에 직원들의 불안함은 구전동화처럼 전해지고 있었다. 그 불안감은 나도 모르는 사이 '내가 이 병원을 떠날 날이 올 수도 있겠구나.' 하는 마음의 사직서를 늘 안고 살게 했다. 어느덧 40대란 나이가 은근 부담스러워 스스로도 그 무게를 견디기 힘들 때가 있었다. 이 나이 되도록 뭘 하며 살았는지 대놓고 자랑할 만한 결과물도 없다는 사실은 인생무상을 느끼게 했다. 그럼에도 불구하고 나를 위해 새로운 도전을 하고 싶은 열망이 가슴 안에서 불을 품고 있는 것처럼 뜨겁다. 더 늦기 전에 가족들과 직장으로부터 벗어나 나만의 시간을 확보하자는 생각에 이르렀다. 나를 위한 시간이 나를 더 크게 키우는 법이니까.

D 여성병원으로 이직을 하고 병원의 실체를 알게 되기까지 오래 걸리지 않았다. 이미 함께 하는 동료들과 정이 들었던 나에겐 사람이 먼저 보였다. 이것이 나의 실수라면 실수일지도 모르지만, 워낙 열심히 일하시는 병원장님과 직원들이 발목을 붙잡았다. 주책없이 왜 이리 마음이 약한 건지. 병원이 회생의 길을 걷게 되고 어느 정도 안정되는 것으로 보였지만 여전히 불안감은 떠나질 않았다. 직원들이 새로 와도 회생 중이라는 것을 알고 나면 마지노선이 그어진다. 오래 일하고 싶어도 병원이 문을 닫으면 국가에서 3년 치의 퇴직금만 보장받을 수 있다는 이런저런 이유로 적응하고, 경력 쌓고, 이직을 해버렸다. 나는 그때마다 부서장으로서 참 마음고생이 많았다. 직원들의 이탈이 나의 능력이 부족해서라 느껴졌기 때문이다. 나도 부서장이기 이전에 병원의 직

원이다. 어찌 나도 불안하지 않았을까. 하지만 직급을 달고 있으니 어떻게든 직원들 앞에서는 '괜찮은 척'이라도 하고 있어야 했다. 이러한 나의 마음을 다 보여주지 못했던 걸 퇴사 후 함께 해왔던 직원들과 허심탄회하게 이야기를 나누고 나니 마음의 짐이 한결 가벼워진 기분이 들었다. 직장을 어느 날 잃게 되면 나는 쉽게 무너질지도 모른다는 이 생각이 나를 단단하게 할 마음의 근육을 단련하도록 했다. 젊지도 늙지도 않은 애매한 이 나이가 나를 움직이게 했다. 당신은, 당신의 직장과 경력이 더는 방패막이 되어줄 수 없다는 사실을 매일 확인하며 살아야 한다. 그렇지 않으면 지금 내가 살아가는 이 시간이 독인지 약인지 모르고 살게 된다. 나의 직장과 경력이 내 방패막이 될 수 없다는 사실을 직시한 순간 온몸에서 긴장감이 도는 것을 느꼈다. 나를 위해 뭔가가 꼭 필요하단 걸 강하게 느꼈다. 그것은 온전히 나만을 위한 시간 확보가 우선이 되게 했다.

당장 직장을 그만두기보다 나는 나의 하루 24시간을 재편성하기로 했다. 자기계발 책을 읽다 보면 새벽 기상에 관한 이야기도 자주 나온다. 남들보다 먼저 일어나 하루를 시작하면서 남들보다 2~3시간의 시간을 더 사는 사람들 이야기이다. 나에게 하나의 돌파구가 되어 줄 수 있을 것 같아 일단 시작하기로 마음먹었다. 당시 나는 새벽 기상이 주는 좋은 점을 연구하고 시작했다기보다 성공자들이 하는 습관이니까 그 속에 답이 있을 거라는 막연한 기대심리가 전부였다. '하다 보면 뭔가 되어 있겠지!' 하는 진짜 막연한 생각 말이다. 나는 휴대전화에 알람을 맞춰놓고 잠들었다. 새벽 3시 30분부터 5시까지 30분 간격으로 맞춰놨다. 혹시 못 일어날 수 있으니까. 5시 전에 일어나는 것을 목표로 잡았다. 생각보다 힘이 들었다. 따스함이 주는 이불 속의 안락함으로부터의 탈출을 힘겹게 해내야 새벽 기상은 일차 성공이다. 나는 생각보다 강하다는 걸 알았다. 한다고 마음먹으니 하게 되는 것이다. 간단히 세수와 양치를 하고 책상에 앉아 책을 읽었다. 그리고 마음이 머무는 문장을 만나면 노트에 손으로 필사했다. 그것만으로도 하루가 알차게만 느껴졌다. 이 새벽 기상을 하면서 확보한 나만의 시간이 나를 필사하는 작가로 이끌었다고 해도 무리가 없다. 나에게 플러스 시간이 안정화되어 갈수록 그 시간에 해보고자 하는 일들이 하나씩 늘어갔다. 왜냐하면, 이 시간이 그 어느 때보다 질적으로 효과가 크다는 것을 나 자신은 잘 알고 있었기 때문이다. 나는 지금 새벽 시간에 책도 읽고, 필사도 하고, 글까지 쓰고 있다.

당신은 이 시간에 무엇을 하는가? 아직 꿈에서 깨어나지 못하고 있는가? 나는 꿈에서 빨리 깨어나라고 말하고 싶다. 어쩌면 당신이 새로운 삶의 문을 열 기회를 놓치고 있을 수도 있기 때문이다. 이 순간에도 말이다.

〈책성원〉의 작가들도 새벽 기상을 하며 필사를 이어가는 이들이 많다. 〈책성원〉의 리더 N 작가도 새벽 시간의 긍정적인 면을 적극적으로 활용하며 《새벽 시크릿》이라는 책을 출간했다. 나는 새벽 기상을 하지 않았다면 지금의 나도 있지 않다고 자신 있게 말한다. 나에게 플러스 시간이 있었기에 작은 시도를 하며 하나의 작은 성공들을 만들어 갈 수 있었다. 그 작은 성공들이 하나씩 내 것이 되어가는 것은 곧 나란 사람이 새로 만들어지는 것과 같은 기쁨을 느끼게 해준다. 내 안에 이런 능력이 어디 숨어 있다가 나온 건지 나조차도 이해할 수 없는 새로운 나를 조우하게 되는 기분을 당신도 느껴보길 바란다. 나는 새벽 기상을 하면서 책을 읽고 내게 와 닿는 문장들을 손 필사했다. 지금의 나는 타이핑 필사를 알고 난 이후부터 이 두 가지 필사를 이어가고 있다. 새벽에는 손 필사, 잠들기 전 타이핑 필사를 하던 것이 익숙해지면서 지금은 새벽에 손 필사와 타이핑 필사 그리고 잠들기 전 타이핑 필사를 하고 있다. 필사를 하는 시간이 늘어난 것이다. 어떻게 이것이 가능할까? 그것은 내가 오랫동안 꾸준히 새벽의 힘을 느끼고 받아들인 덕분이라고 생각한다. 늘 해오던 루틴에 다른 일을 더 한다고 해서 힘들지 않았다. 오히려 하고 싶은 일이 생길 때마다 가슴이 설렜다. 새로운 소소한 작은 도전이 내 삶에 들어왔기 때문이다. 남들은 내가 지치고 피곤하지 않을까 하지만 그 반대다. 오히려 이렇게 남들보다 일찍 시작하는 하루가 그 어느 때보다 나를 활기 넘치는 사람으로 만든다. '나 이런 사람이야.'하고 어깨가 절로 올라간다. 자신만을 위한 플러스 시간의 확보가 얼마나 중요한지 알겠는가? 이 시간이 주는 힘의 위력은 조용하지만 일만 볼트 그 이상의 보이지 않는 힘을 가지고 있다. 끊임없이 나를 일으키게 하고, 끊임없이 도전하게 한다. 그 힘이 더하기에 곱하기를 하면 필사에도 날개를 달게 되는 날이 오게 된다. 내가 필사에 이렇게 목숨 걸고 빠질 수 있었던 것은 이러한 나를 위한 시간이 이미 확보되어 있었기 때문이다. 새벽 시간만이 답이라는 것은 아니다. 자신만을 위한 유일한 플러스 시간을 확보라는 것이다. 이 시간이 당신이 필사를 시작하는 데 큰 힘이 되어 줄 것이다.

나만을 위한 플러스 시간이 플러스 인생을 살게 한다. 24시간을 조금 비틀었을 뿐인데 삶의 방향이 달라졌다. 24시간 안에서만 살려고 애쓰지 마라. 시간의 발견은 오직 자기 의지에 달렸다. 시간은 움직인다. 시간은 미래로 가는데 나는 현재에 머물러 있는 기분이다. 찰스 다윈은 '거리낌 없이 한 시간을 낭비하는 사람은 아직 삶의 가치를 발견하지 못한 사람이다.'라고 했다. 당신이

버린 한 시간이 삶을 바꿀 마지막 기회일 수 있다. 새벽 시간은 인생을 제대로 살아 낼 궁리를 하게 한다. "아직 나에겐 이뤄야 할 꿈이 남아 있다." 이 말은 내 안에 많은 것이 가득 차 있으니 빨리 세상으로 꺼내 달라는 구조요청처럼 들린다.

나의 40대, 100세 시대를 기준으로 놓고 보면 인생의 절반도 아직 오직 못했다. 그런데 나는 왜 잘 다듬어진 최고의 완성품을 보려고 했는지 모르겠다. 아직 절반도 못 살아놓고 완성을 꿈꾸다니! 내 나이는 아직 완성품을 향한 과정의 선상에 놓여 있을 뿐이다. 나는 나란 사람을 조각하는 조각가이다. 내가 원하는 나를 만들어가는 과정에 있기에 나는 아직도 여전히 불완전하다. 나의 40대는 결과를 만들어 내는 나이가 아니라 과정을 즐길 줄 아는 여유가 있는 특별한 나이다. 나는 왜 이뤄놓은 것이 없다는 것에 집중했는지 모르겠다. 이제부터라도 시작해서 하나하나 내 것으로 만들어 내면 된다. 새벽은 나를 키워 낸 플러스 시간이다. 나의 마흔은 여전히 새벽에 있다. 불안하지도 흔들리지도 않는다. 새벽 필사로 새로운 이력을 쓰고 있다. 필사로 제2의 삶의 역사를 만들어가는 모든 과정을 즐긴다. 책을 쓴다고 필사가 끝난 게 아니다. 필사를 멈추지 않는 이유는 필사가 나를 더 크게, 더 나은 사람으로 성장하게 하는 길잡이가 되어 주기 때문이다. 당신을 키워 낼 플러스 시간에 당신이 존재하게 하라!

사소한 일도 시절인연이
닿으면 위대해진다

약속된 미래는 없다. 미래를 바꿀 수 있는 유일한 사람은 오직 자신뿐이다. 원하는 미래의 완성은 지금 당신이 하는 일과 그 일을 끝까지 해내고자 하는 의지에 달렸다. 매일 새벽 3시 30분에서 5시 사이에 눈을 뜬다. 가능하면 새벽 4시 기상에 힘쓴다. 기상 시간을 고정된 '몇 시'에 두지 않고 가능 범위를 넓혀 나에게 부담감을 줄였다. 그리고 그 시간을 독서와 필사, 긍정 확언으로 채운다. 나의 루틴을 매일 지켜낸다는 것은 나와의 약속을 지키겠다는 강한 의지가 있어야 가능하다. 자신과 싸우며 지켜낸 그 새벽 시간이 그래서 더 귀하고 소중한 것이다. 나를 위해 시작한 '새벽 지켜내기'의 의지가 시절인연을 만나면 물 흐르듯 순조롭게 그 빛을 발하기 시작한다. 내가 새벽 시간을 통해 필사의 좋은 점을 느끼지 못하고 있었다면 〈책성원〉의 자판으로 치는 필사에 대해 회의적이었을 것이다. 생소하고 낯선 필사가 물음표를 잠시 던지긴 했지만 나는 제법 빨리 타이핑 필사에 대한 거부감을 거두고 적응할 수 있었다. 그리고 꾸준히 타이핑 필사를 지속해나가는 힘도 이미 내가 지켜낸 새벽 시간의 힘에서 비롯되었음을 누구보다 잘 안다.

사소한 일도 중요한 일을 다룬다는 마음가짐으로 꾸준히 하다 보면 다른 일도 쉽게 해내게 된다. 매일 자신과의 약속을 지켜내기 위해 버틴 시간이 누적되어 새벽 지켜내기가 점점 더 쉬워진 것이다. '천 리 길도 한 걸음부터'라고 했다. '내가 지금 이것을 해서 뭐하나'라는 회의적인 마음을 버리고 '일단 해보자'라는 적극적이고 긍정적인 마음으로 사소하지만 나를 기쁘게 하는 일을 시작해 보자.

어린 시절 아침에 눈을 뜨면 할아버지께서는 싸리 빗자루로 마당을 쓸던 기억이 어렴풋이 난다. 싸리 빗자루가 지나간 흔적이 빗질을 한 듯 단정하고 깨끗하다. 정돈된 마당을 보며 왠지 마음이 밝아지고 기분이 좋았다. 어렸던 나는 할아버지의 마당 쓸기가 이해가 되지 않았다. 시골마당은 사계절 바람 잘 날 없다. 가을이 되면 떨어진 나뭇잎들이 이리저리 바람에 흩어져 다음 날이면 시간의 흔적을 남긴다. 그래도 할아버지의 마당 쓸기는 멈출 줄 모른다. 겨울은 칼날 같은 바람에 코끝이 시리고 손이 아려도 멈추지 않는 할아버지의 마당 쓸기, 왜 할아버지는 반복해도 또다시 제자리걸음 같은 마당 쓸기를 하셨던 것일까? 지금 생각해보면 할아버지에게 마당 쓸기는 하루의 새로운 시작을 알리고 그 첫 문을 여는 자기만의 루틴이었을 게다. 구석구석 숨어 있는 묵은 때를 벗겨내듯 빗자루로 쓱쓱 쓸어내며 흩어진 마음을 하나로 모았을 것이다. 밤새 고민하며 심란했던 마음도 비질하며 깨끗하게 비워냈었던 게 아닐까. 지금 내가 매일 새벽을 지켜내는 일처럼 할아버지의 마당 쓸기는 마음을 닦는 일이다. 고된 농사일을 지켜내고 농사꾼의 삶을 살아내기 위한 마음을 다잡는 일이 아니었을까. 세상에 아무것도 아닌, 별거 아닌 일은 하나도 없다. 내가 지금 무엇을 하든 그 일에 의미를 두기 시작하면 그것은 내게 있어 특별한 일이 되기 시작한다.

　나는 처음 타이핑 필사를 하기 시작할 때 잠시 멈칫했던 마음을 후회한다. 그리고 시작한 것에 나를 칭찬하다. 평범함 속에 비범함이 숨어 있는 할아버지의 마당 쓸기처럼 나에게 타이핑 필사는 아주 특별하면서도 소중한 일이다. 나는 필사를 통해 나의 삶을 지켜내는 법을 배웠다. 그리고 매일 초심을 잃지 않기 위해 필사한다. 이 필사가 나의 글을 쓰게 하고 일어서는 법을 가르쳐줬다. 당신에게도 이러한 자신만의 특별한 시간이 있었으면 하는 바람이다. 나를 지켜주는 힘은 자신이 매일 하는 사소한 일의 반복과 누적에서 나온다. 꾸준함은 나를 지키는 강력한 무기가 된다. 나를 지키기 위한 필사를 시작해보길 바란다.

멈추지 말고 계속하라! 내가 하찮다고 생각하면 그 일의 힘은 잃고 만다. 결국, 살아 낼 힘은 내가 만드는 법이다. 필사해서 뭘 해? 라고 생각할지도 모르겠다. 하지만 그건 필사를 시작하기 전의 마음이다. 일단 필사를 꾸준히 하다 보면 마당을 쓸고 난 후에 오는 마음의 변화처럼 필사 후에 따라 오는 마음의 소리를 듣기 시작한다. 사소한 것을 내 것으로 만드는 일이 나를 크게 키우는 하나의 비법이다.

지금 내가 필사를 한다고 해서 변하겠어? 필사한다고 내 글이 써질까? 하는 의문이 생길 것이다. 맞다, 당장의 변화가 눈에 띄게 보이지 않을 것이다. 하지만 나는 자신 있게 말할 수 있다. 내가 2년 넘게 지켜낸 새벽의 루틴 중 하나 필사 덕분에 지금에 오게 되었다고! 필사를 하고 있었기 때문에 필사가 좋다는 것을 알고 있었고, 새로운 필사 법을 익히면서 내 글이 쓰고 싶어져 책까지 쓰게 된 것이다. 남들이 잠든 시간에 일어나서 지켜낸 독서와 필사, 긍정 확언의 힘이 시절인연을 만나 이뤄낸 결과이다. 사람과 사람 사이에도 인연법이 존재하듯이 내가 하는 일에도 인연법이 적용된다. '시절인연'이란 말은 내가 좋아하는 불교용어 중 하나이다. 모든 사물은 인과의 법칙을 따르기 때문에 어느 특정한 시간과 공간이 만나 그에 걸맞은 환경이 만들어지면 일어날 일은 반드시 일어난다는 의미를 지니고 있다. 나의 경우 제일 먼저 내가 묵묵히 새벽 기상을 하며 책과 필사를 손에서 놓지 않은 그 시간이 있었다. 그리고 내가 일하던 부서가 사라지면서 실업급여도 받을 수 있는 퇴사를 하게 되었다. 때마침 퇴사 직전 K 작가를 통해 〈책성원〉의 N 작가와 인연이 닿아서 이 모든 일이 만들어졌다. 무엇으로도 이것만큼 시절인연을 잘 설명해 줄 수 있을까? 나에겐 이 모든 과정이 기적 같고 누군가 나를 위한 마법을 부린 것 같다. 어떻게 이렇게 한 치의 오차도 없이 톱니바퀴가 서로 맞물려 돌 듯 딱딱 맞을 수 있을까 싶다. 결코, 내가 지켜낸 새벽 시간의 모든 행위는 절대 쓸모없거나 보잘것없는 것이 아니었다. 속도는 더디게 가는 것 같아도 하다 보면 내게 적당한 때가 한 치의 오차도 없이 온다. 나처럼. 그러므로 내가 이루고자 하는 것이 있다면 그것이 무엇이 되었든 그 끈을 놓지 않고 이어가는 것이 중요하다.

나 역시 가족들이 잠든 새벽에 홀로 일어나 새벽 시간에 책을 읽고 필사를 하며 '내가 이렇게까지 하는 이유가 뭐지?', '내가 책을 읽고 필사한다고 뭐가 달라질까?', '이런다고 누가 알아줘? 왜 사서 고생이지?' 하는 수많은 물음표를 나를 향해 던지며 스스로를 괴롭혔던 때가 있었다. 당시 글 쓰는 작가의 삶은 상상 속에서조차 스케치 된 적이 없었기에 오직 마음의 힘을 키우는 데 의미를 더 부여했던 시간이다. 의심이 들 때마다 나 자신을 채찍질했다. 지금 멈추면 아무것도 아닌 일이 된다고. 내가 지금 하는 이 일에 날개를 달아 줄 사람은 나밖에 없다고! 그리고 '뭐라도 되어 있겠지.'란 마음으로 포기하지 않고 새벽 시간을 사수했다. 그 덕분에 나는 필사를 하며 책을 쓰고 있다. 당신에게 내가 해 왔던 독서와 필사의 흔적이 어떻게 다가오는가? 아직도 먼 나라 남의 이야기처럼 들리는가? 아니길 바란다. 이 이야기는 우리 모두의 이야기, 당신의 이야기가 될 수 있다. 내가 이 글을 쓰는 이유도 나처럼 평범한 사람이 꾸준히 이어온 사소한 일들이 시절인연을 만나 꿈을 이루게 된 진실을 보게 하기 위함이다. 그리고 이제 타이핑 필사를 알게 되었으니 둘러가지 말고 함께 필사를 하고자 결심해보길 바란다.

내가 남들보다 앞서갈 수 있는 순간은 바로 지금이다. 내가 나를 위해 무엇을 할 것인가에 집중하자. 필사의 시작은 남들보다 조금 더 빨리 더 나은 미래의 나를 만나러 가는 비상구이다. 바쁘게 살다 보면 진짜 나를 위한 시간이 필요하단 것조차 잊고 산다. 아이들을 돌보고, 직장 일을 해내기에 급급하다 보면 나를 위해 할애할 열정이 남아있지 않다는 사실을 알아차릴 때가 있다. 이러한 마음이 들 때면 나 자신이 바람이 부는 대로 여기저기로 휩쓸려 날려가는 비닐봉지같이 느껴져 쓸쓸했던 적이 있다. 다행히 지금은 필사도 하고 내 글도 쓰면서 나를 위한 시간을 살게 되니 예전의 서러움은 온데간데없다. 수목원을 산책하며 느끼는 게 있다. 나무도 꽃도 우리 인간처럼 다른 모습으로 각자의 자리에 있다. 육안으로는 늘 제자리에 멈춰있는 것처럼 보여도 어느 것 하나 절대 멈춰있지 않는다는 것이다. 각자의 자리에서 계속 성장을 해나가고 있다. 눈이 오나 바람이 부나, 천둥이 치고 비가 내려도 그 모든 것을 이겨내며 성장을 향해 간다는 사실을 걷다 보면 느낀다.

나는 내 글쓰기를 위한 성장의 밑바탕을 필사에 둔다. 누가 뭐래도 내게 있어 필사는 더는 사소한 일이 아니다. 내게 특별한 일상이다. 매일 하는 필사, 그것이 나의 성장 촉진제다. 남들이 봤을 때 회의적인 그 일이 진짜 나를 위한 일이 될 수 있음을 가슴에 새겨본다.

필사 챌린지로
필사 습관을 형성해라

두려움과 불안을 잠재우는 또 하나의 방법은 필사 챌린지였다. 두려움과 불안의 감정이 내 안에 뿌리를 내리기 시작하면 걷잡을 수 없이 내 안의 드러나지 않은 가능성마저 갉아먹는다. 매일 병원을 출근해서 일을 하고 있으면서도 병원이 휘청거린다는 이야기를 들을 때마다 바람 앞에 촛불처럼 내 마음도 이리저리 휘청거리는 것만 같았다. 이럴 때일수록 나는 강해져야 한다는 생각이 내가 무엇이든 하게끔 독려했다. 인스타그램을 하다 보면 여러 가지 챌린지를 만나게 된다. 하늘이 내 마음을 알아챈 것처럼 켈리 최 회장의 100일간의 '생각파워 모닝콜' 챌린지의 시작을 알리는 피드 게시물을 만나게 된 것이다. 명언과 성공 확언을 매일 아침 6시에 들려주고 10번씩 필사를 하며 인증하는 것이었다. 새벽 기상을 하고 있는 나에겐 아침 6시에 필사 챌린지를 하는 것은 식은 죽 먹기처럼 거뜬히 해낼 것 같았다. '그래! 많은 사람들과 함께 이 챌린지에 함께 해보자!' 그렇게 나의 조용한 필사 챌린지가 시작되었다.

챌린지는 많은 이들이 함께하기에 은근히 자극을 받는다. 중간에 포기하지 않게 서로 밀어주고 당겨준다. 혼자서 하기 힘든 필사라면 이러한 챌린지를 이용해서 필사의 매력에 한 발짝 다가가 보는 것도 나쁘지 않을 것 같다. 필사하면서 좋은 습관을 장착하게 되는 계기가 되어 일석이조의 효과를 누린다.

챌린지(challenge)는 도전을 가리키는 영어 단어다. 우리는 도전의 시작을 알리는 챌린지를 인스타그램이나 틱톡 등 SNS에서 자주 접하곤 한다. 여기에서 챌린지는 많은 이들이 관심을 가질 만한 흥밋거리나 재미난 행위, 또는 조금은 해내기 어려운 일을 하도록 동참하게 만드는 일종의 초대장과 같다. 얼마 전에는 루게릭 환우분들을 위한 아이스 버킷 챌린지를 본적이 있다. 이러한 챌린지는 좋은 의도를 가지고 시작하는 것이란 것을 알기에 그것을 지켜보는 이들에게도 따뜻함을 안겨주고 힘을 내게 하는 것 같다. 이러한 모습들을 보며 여전히 우리가 사는 세상은 아름답다고 느끼게 된다. 아름다운 세상의 한 일원이 되는 선택은 작은 관심과 용기에서 시작된다. 매일 독서와 필사로 새벽을 밝히고 아침 6시가 되면 필사 챌린지를 이어갔다.

'생각파워 모닝콜'은 켈리 최 회장이 하루 1개씩 성공자들의 명언을 들려주고 10번씩 필사하는 것이었다. 자필로 필사해도 되고, 유튜브 동영상 아래에 있는 댓글 창에 명언을 10번씩 자판으로 써도 된다. 아침 6시가 되면 켈리 최 회장의 목소리가 아침을 깨운다. 1일차에 들려준 명언은 얼 나이팅게일의 명언이었다.

'내 잠재의식에 심는 반복적이고 감정적인 모든 것은
반드시 현실이 됩니다.'

첫날부터 성공자의 명언을 10번 필사한 것뿐인데 기분은 벌써 명언을 씹어 먹어버린 기분까지 들었다. 내가 하는 이 모든 것들이 꿈을 이루는 마중물이 되어 줄 것만 같았다. 내가 새벽에 투자한 시간과 노력은 언젠가는 눈사태처럼 불어나 걷잡을 수 없는 무서운 파워를 지니게 될 거라는 희망을 품게 되었다. 뭔지 모를 자신감이 가슴을 부풀게 하고 삶의 활기를 북돋아 아침 출근길마저 설렘의 연속이었다. 나도 모르는 사이 지칠 줄 모르는 새벽 거인이 되어가고 있었다. 조성희 작가의 '100일 마음 근육 강화 프로젝트' 강의를 듣고 《뜨겁게 나를 응원한다》라는 책을 필사하며 마음의 근육도 탄력이 생기고 단단해져 갔다. 또한, 100일간의 '생각파워 모닝콜' 챌린지로 위대한 사람들의 명언들이 삶을 비집고 들어와 하루를 풍요와 번영에 살게 했다. 그야말로 살 맛이 났다. 켈리 최 회장의 마지막 100일 차 성공 명언을 귀를 쫑긋 세워 들었다. 평소와 달리 더 겸허해진 마음으로 노트에 마지막 명언을 10번 따라 쓴 후 조용히 펜을 놓았다. 그리고 끝까지 해낸 나를 위해 하늘을 향해 두 팔을 뻗어 만세 부르던 날을 또렷이 기억한다. 벅찬 희열이 내 방안과 내 마음을 가득 채웠다. 그녀는 100일간의 생각파워 모닝콜 챌린지를 완주한 모두를 향해 축하와 감사의 인사를 전했다. 그녀의 말대로 나는 이제 성공자의 마인드를 장착한 0.1%의 사람이 되었다. 0.1%의 사람이라 생각하니 절로 어깨가 올라가고 특별한 사람이 된 듯하다. 또한, 나는 앞으로 다가올 새로운 도전에 두려워하기보다 현명한 결단을 내리고 그것을 행동으로 옮길 수 있는 준비된 사람으로 거듭났다고 스스로 되뇌었다. 100일 차에 켈리 최 회장이 들려준 마지막 확언을 10번 적으며 다시 한번 더 나를 향해 외쳤다.

"나는 꿈을 이룬 0.1%의 사람이다!"

그 날의 감격스러움이 내 안에 다시 채워지는 기분이다. 켈리 최 회장의 메시지와 명언은 꿈을 이룬 0.1%의 나를 응원하고 사랑하게 만들었다. 작은 성공을 거듭할수록 내면의 단단함이 채워지고 도전을 향한 두려움은 문제 되지 않았다. 이 글을 읽는 독자들도 나처럼 켈리 최 회장이 전하고자 하는 메시지를 기억하며 명언 필사 챌린지 역주행을 시작해보는 것은 어떨지 조심스레 건네 본다. 엄청난 호랑이 기운이 내 안에서 뿜어져 나오는 기분을 만끽하게 될 것이다. 켈리 최 회장의 유튜브 채널과 조성희 작가의 유튜브 채널에 들어가면 100일간의 대장정, 그 흔적들이 많은 사람들의 발자취와 함께 여전히 감동을 준다. 당시 내가 책을 읽고 필사하며 보낸 나의 시간은 고스란히 나의 인스타그램 피드에 남겨져 있다. 인스타그램에 현타가 왔을 당시 피드에 올리지 않았지만 계속 새벽 기상은 유지하고 필사도 이어가고 있었다. 인스타그램에 대한 현타일 뿐 나의 일상에 온 현타는 아니었기 때문이다. 내가 인스타를 떠난 시간은 지금 생각해보면 잘한 일이었다. 혼자서도 계속 새벽 시간을 이어갈 수 있다는 자신감은 더 커졌고, 현재 그 어느 때보다 더 열심히 나의 기록을 남기고 있기 때문이다. 게다가 얼마 전부터 블로그도 시작해서 더 바빠졌다. 작은 도전과 성공의 경험은 나를 움직이게 하고 도전을 통해 경험하는 모든 것들은 성공의 선순환을 불러온다. 그 어느 때보다 나를 부지런한 환경 속에 살게 했다.

사소한 성공의 시간이 누적되면 자신만의 성공을 현실에서 보게 될 것이다. 꿈을 이루기 위해 한 걸음 내딛는 시작이 두렵고 불안하다면 필사 챌린지를 하며 마음 근육도 단단히 하고, 자연스럽게 좋은 습관도 내 삶에 초대해보자. 손으로 적기가 힘들면 강의를 듣고 댓글 창에라도 자판을 두드려 성공자의 명언을 남겨보자. 그 작은 시도가 100일이 되면 당신도 꿈을 이룬 0.1%의 사람 중 한 명이 되어 있을 것이다. 내가 해낸 모든 노력들의 합은 나만의 방식으로 힘겨운 시간의 강을 무사히 건너는 법을 알려준다. 매일 아침 같은 시간에 많은 사람들의 좋은 에너지 기운을 받은 탓일까, 두려움의 힘은 약해지고 나에 대한 확신의 감정이 내 안에 따리를 틀기 시작했다. 두려움이 나답게 사는 법을 갉아먹고 있다는 생각이 들 때마다 나의 자아를 단단하게 바로 세우기 위해 매일 아침 열심히 챌린지를 이어가며 책 읽고, 필사했다. 그렇게 나는 나름대로의 100일간의 기적을 만나고 있었다. 내가 글을 쓰면서도 필사를 이어 갈 수 있는 보이지 않는 힘은 바로 그 작은 성공들에서 왔다. 최근 인스타그램에서 한 달 필사 서평단 모집을 본 적이 있다. 이런 필사단 모집도 분명 도움이 될 것이다. 뭐가 되었든 시작부터 하는 것이 중요하다. 필사를 한다는 것이 중요하니까.

이 모든 시간들이 결국 내 글이 되어 다시 쓰여 지고 있다. 내가 어떠한 형태로든 필사의 끈을 놓지 않은 이유는 지금의 나를 만들어 내기 위해서가 아닐까 할 정도로 모든 것이 신기하다. 길이 없는 게 아니라 내가 내디딘 첫 발걸음이 없었기 때문에 내 길이 보이지 않는 것이다. 자신이 내딛는 첫 발걸음이 있어야 '내 길'이란 것도 뚫리는 법이다. 어떠한 상황에서도 무너지지 않는 힘을 내 안에 장착하는 일을 더이상 미루지 말자.

Part 2

우연히 만난 필사가 천우신조다

타이핑 필사의 성지
책성원을 만나다

'간절히 원하면 이루어진다.'라는 말을 나는 좋아한다. 그 간절
함이 가져오는 새로운 가능성을 믿기 때문이다. 간절함은 불가능
을 가능성의 세계로 안내한다, 나는 현재의 삶에서 미래로 가는
문을 열고자 새벽 시간과 고군분투해야만 했다. 새벽에 있다는
사실만으로 반드시 내가 원하는 삶의 해답 하나쯤은 찾을 수 있
을 것이라는 막연한 기대심리를 외면할 수 없었다. 지푸라기라도
잡고 싶었던 심정을 그 누가 짐작이라도 하겠는가? 새벽은 나에
게 힌트를 알려주었고 용기를 내어 힘차게 문을 두드렸다. 나의
삶을 다시 살게 해준 것은 바로 〈책성원〉이다. 〈책성원〉은 '책 쓰

고 성장하고 원하는 삶 살기'란 뜻을 가진 온라인 모임이다. 그리고 나는 그곳에서 인생 멘토를 찾았으며, 인생 키워드를 발견했다. 그리고 작가의 꿈을 확신했다. 누구에게나 기회는 찾아온다. 나에게 실직은 기회였다. 실직이란 현실은 암담했지만, 미래의 나에게 희망을 품었더니 세상은 나를 외면하지 않고 기회의 문을 열 수 있는 열쇠를 쥐여주었다. 생각만 해도 아찔하다. 타이핑 필사의 세계를 만나지 않았다면 나는 어떻게 되었을까? 나는 바로 재취업 전선에 뛰어들었던가, 아니면 실업급여를 받으며 오늘과 내일이 별반 다름없는 하루하루를 보내고 있을지 모른다. 어떤 새로운 이력도 남기지 못한 채 말이다.

사람과 사람 사이에는 만남과 이별이 공존한다. 어떻게 헤어지는 것도 중요하지만 어떻게 만나서, 무엇을 하느냐는 앞으로 다가올 미래를 미리 비쳐 보는 거울이라고 할 수 있다. 사람이 전부다, 라는 말이 있다. 당신이 바라는 미래의 모습에 하루라도 빨리 닿길 원한다면 사람을 잘 만나야 한다. 나는 인연을 귀하게 여기는 마음이 남다르다. 사소한 인연이라도 그 만남의 의미를 생각한다. 헛된 인연이란 있을 수 없기에 그 나름대로 귀하게 여겨야 한다는 게 나의 생각이다. 내 진심과는 다르게 늘 뒤통수를 맞는 경향도 있지만, 그때 그 사람에게 마음을 다했다고 생각하기에 후회나 미련은 두지 않는 편이다. 그래도 나는 여전히 인연을 믿고 사람을 믿는다. 사람으로 상처받을 거란 걸 알면서도 사람에게 희망을 품어보는 것이다. 그 믿음이 하늘에도 통했나 보다. 귀한 인연들을 이렇게 한꺼번에 주시다니!

나를 〈책성원〉으로 안내해준 사람은 인친인 K작가이다. 그녀는 현재 요양 보호사의 삶을 살면서 새벽 기상을 하며 필사하고 글까지 쓴다. 공저부터 개인 저서까지 출간해낸 모습을 보면서 나처럼 평범한 사람도 책을 내는데 나는 지금까지 뭘 했나 싶은 생각이 들었다. 나는 그녀가 보여주는 노력의 시간들이 매력적으로 다가왔다. 새벽 기상을 하며 독서와 필사를 하다 보니 문득 내 글이 쓰고 싶어졌다. 짧은 글을 쓰며 인스타그램에 올리곤 했지만 긴 글은 어떻게 써야 하는지 막연하기만 했다. 언젠가는 긴 글 쓰는 법을 따로 배워야 한다는 것은 알게 모르게 늘 머릿속에 있었던 것 같다. 필사에 정해진 답이 있는 것처럼 무모할 정도로 필사를 이어갔었다. 쓰면 되는 줄 알았다. 새벽에 일어나 책을 읽고, 그때마다 꽂히는 글들을 필사해나간 시간들은 야속하게도 정답을 알려주지 않았다. 하지만 지금은 분명히 안다. 그렇게 새벽마다 버텨낸 시간의 힘이 있었기에 중심을 잡고 내 꿈을 믿을 수 있었다. 간절함과 함께 정성들여 종이 위에 꾹꾹 눌러쓴 필사는 나에게 마음의 고요함과 심리적 위안을 안겨주기 충분했다. 하지만 긴 글을 쓰는 방법은 알아채기 힘들었다. 그렇다고 손으로 하는 필사가 나쁘다는 것이 아니라 효율적 면에서 조금 떨어진다는 것을 말하고 싶을 뿐이다. 책 속에서 발췌한 부분을 손으로 베껴 쓰면서 손에 무리가 가는 것을 느낄 때면 어느새 나이 탓을 하고 있는 게 아닌가. 이런 식으로 하는 무모한 필사에 제동이 걸렸다. 손 필사만 무작정 한다고 글을 쓸 수 있는 것도 아니고, 이대로는 정말 답이 없었기에 결단을 내려야했다.

K 작가에게 나는 용기를 내어 문을 두드려 보기로 결심했다. 심장이 두근거렸다. 내 메시지에 반응이 없으면 어떻게 하지? DM을 보내도 답변이 없을까 봐 두려웠다. '작가가 나 같은 사람에게 뭣 하러 답을 주겠어? 내가 궁금한 걸 물어도 대답 안 해 줄지도 몰라.' 하는 막연한 두려움이 계속 나를 주저하게 했다. 마음이 급해졌다. 실업자가 되면 갑자기 주어진 시간 앞에 어떻게 서야 할지 마음이 조급해지기 시작한 것이다. 나를 구제할 유일한, 단 한 사람이 바로 자기 자신이다! 마음은 계속해서 나에게 DM을 보내라고 독촉하는 것만 같았다. 오랜 고심 끝에 DM을 보냈다. "작가님, 안녕하세요? 다름이 아니라, 글 쓰는 방법을 배우고 싶은데 어떻게 해야 할지 잘 모르겠어요. 도움을 구하고자 연락을 드렸어요. 배우는데 돈은 일단 얼마가 필요한지, 막연하기만

해서요." 메시지가 보내진 순간 얼마나 두근거리던지. 심장이 가슴과 머리에서 동시에 뛰는 것만 같았다. 이러다 심장이 가슴을 뚫고 나오는 건 아닌지 걱정이 될 정도였다. "〈책성원〉과 함께해요."라는 K 작가의 이 한마디가 나의 삶을 뒤흔들게 될 줄은 꿈에도 몰랐다. 걱정의 90%는 일어나지 않는 일이라더니 K 작가는 마음이 따스한 분이었다. 내가 글 쓰는 법을 배우고 싶다는 말에 흔쾌히 〈책성원〉을 소개해 주었다. 또한 〈책성원〉의 리더, N 작가와 전화 통화까지 일사천리로 이어졌다. 내 주변에 가장 친한 5명의 평균이 나를 말한다고 하지 않는가. 나는 K 작가를 믿었다. 도움의 손길을 외면하지 않는 친절한 사람이 함께하는 사람들은 그 모습과 닮아 있을 거란 생각에 나 역시 열린 마음으로 다가가기로 결심했다. 이건 내가 40대에 제일 잘한 일 중 하나다, 라고 말하고 싶다.

〈책성원〉 단톡방으로 입장하면서 새로운 세상을 만났다. 평범한 사람들이 꾸준한 필사를 하며, 매일 사진을 찍어 인증하는 일을 반복하고 있었다. 특이한 건 책 한 권을 컴퓨터 자판으로 매일 한 꼭지씩 필사를 하고 있는 것이 아닌가. N 작가와 처음 통화를 하던 날 간단히 알려 준 〈책성원〉에 관한 얘기 중 하나가 '자판으로 치는 필사'였다. 말로만 듣던 필사의 과정들을 직접 눈으로 보니 온몸에 전율이 왔다. 지금 생각해보면 〈책성원〉의 초보 작가들의 열정이 그대로 전해졌기 때문이 아닐까 생각한다. 나는 〈책성원〉에 들어와서 두 달 동안 필사하기를 시도조차 하지 않고 있었고, 작가들의 매일 하는 아침 인사와 필사인증을 눈팅만하며 지켜보고 있었다. 나는 생각보다 신중한 성격이라 직장 일이 마무리가 되어야만 필사를 할 수 있을 것 같았다. 부서가 사라진다고 해서 마지막까지 함께 할 산모와 아기들을 대충 대하고 싶진 않았다. 마음을 분산시키고 싶지 않았다. 마지막까지 친절을 베푸는 것은 당연하다고 생각했다. 그런 나였기에 필사는 그때까지만 해도 어떤 그 무엇도 아니었다.

드디어 필사하게 된 첫날, 떨리는 맘으로 컴퓨터 앞에 앉아 책을 펼쳤다. 나애정 작가가 쓴 《인생 첫 책 쓰기 비법은 필사이다》란 책을 독서대 위에 고정시켜 놓고 한 꼭지 필사를 시작했다. 얼마나 어깨와 손에 힘이 들어가던지. 책 내용의 한 부분을 발췌해서 필사하다가 이렇게 책 한 권 안에 있는 한 꼭지 필사하는 것은 첫날부터 나에겐 험지와 같았다. 왜냐하면, 자판을 두드리는 속도가 매우 느렸기 때문이다. 책 보랴, 컴퓨터 화면 보랴, 자판 보랴 집중은 고사하고 정신을 차릴 수 없었다. 하지만 어차피 내 글을 쓰려면 타자 속도는 빨라야 하기에 자판연습 한다 치고 느려도 끝까지 한 꼭지 필사를 완성했다. 얼마나 시간이 지났을까. 시계를 보니 1시간이 훌쩍 지났고, 티셔츠가 흠뻑 젖어 있는 줄도 몰랐다. 그럼에도 불구하고 나 스스로가 대견해 칭찬해줬다. 잘 해냈다고. 이제부터 시작이라고. 그렇게 나는 완성된 한 꼭지 필사가 띄워진 모니터 화면을 사진으로 찍어 처음으로 필사인증(2023.7.26.)이라는 것을 했다. 2023년 5월 21일에 〈책성원〉에 들어오고 두 달 만에 일어난 제2의 인생 서막이 시작되는 순간이었음을 그때는 몰랐다. 내 인생은 내가 구하는 것이다. 내가 움직여 일어나는 변화의 시작은 미약하나, 그 움직임의 매일이 가득차면 신이 준비해 놓은 선물을 받을 자격이 주어진다. 나 같이 지극히 평범한 사람에게 내 글쓰기, 내 책 출간이라는 귀한 선물을 주시니 말이다.

내 글쓰기, 책 쓰기의 준비과정이 바로 필사이다. 그리고 필사의 성지는 바로 〈책성원〉이다. 그저 평범한 사람들이 모여 자신의 꿈을 향해 뜨거운 열정을 필사에 불사르고 있다. 살아있는 자신만의 역사를 만들어가는 예비작가와 초보 작가들이 한자리에 모여 서로의 필사를 응원하며 글을 쓰는 모임이다. 누구나 인생을 살아가다 보면 생각지 못한 거센 폭풍에 휩쓸려 균형을 잡기 힘들 때 스스로 버텨 낼 힘이 필요하다. 안전지대 안에 있을 때에도 늘 나 자신을 위한 작은 움직임을 멈추지 않아야 한다. 나는 그 해답을 사람에게서 찾았다. 그 사람이 바로 귀인이다. 곧 그것은 기회가 된다. 기회가 왔을 때 그 기회를 내 안에 들어오게 하는 힘은 평소 준비된 자세로 삶을 영위하는 데서 나온다는 것을 깨달았다. 귀인을 알아보는 좋은 눈을 가져야 한다. 언제 어느 때, 어떤 모습으로 내 삶에 등장할지 알 수 없다. 기회는 사람을 통해 온다. 늘 해답은 나의 일상 안에 있다는 것을 잊지 마라.

우리들만의 약속을 지켜요

인간이 살아가는 세상은 복잡하고 다양한 모습을 하고 있다. 하물며 가족이란 구성원만 봐도 생각이나 성격들이 제각각이다. 가족이란 테두리 안에서도 서로가 지켜야 할 약속이 있다. 그래야 가족들 간의 질서가 유지되고 안정된 삶을 살아갈 수 있다. 하지만 그 약속들이 지켜지지 않았을 때는 시끄러운 잡음들로부터 혹독한 대가를 치러야 할 때도 있다. 이와 마찬가지로 내가 속한 〈책성원〉에도 지켜야 할 규칙이 있다. 규칙은 구성원들이 지켜야 할 약속 같은 거다. 규칙은 모임에 참여한 여러 사람이 다 같이 지켜줬으면 하는 일들을 하나하나 제시해 놓은 질서를 말하는 것이다. 규칙이 전하는 메시지에서 모임의 의도를 정확히 파악할 수 있다. 왜냐하면, 모임을 제일 처음 만든 리더의 중심 골자(骨子)가 잘 드러난 게 규칙이 아닐까 해서다. 규칙의 의도가 가리키는 방향을 따라갈 때 함께 하는 멤버 모두가 더 크게 성장해 나가는 모습을 지켜볼 수 있다.

처음 〈책성원〉을 소개받고 N 작가와 통화를 했을 때 했던 말은 이러하다. 〈책성원〉에서 하는 필사는 자판을 두드려서 하는 필사라는 것과 그것을 한 달에 15일 이상을 해야 한다는 것이었다. 필사를 그렇게 꾸준히 했을 때 공저에 참여할 기회가 주어진다는 것도 덧붙여 말했다. 나는 이것만 들었을 때 솔직히 감이 오지 않았다. 왜냐하면, 타이핑 필사가 내겐 생소했고, 무엇인가에 나의 자유가 구속되는 듯한 느낌을 받았기 때문이다. 매일 새벽 기상을 해오던 나이지만 어느 한 집단에 소속되어 잘 할 수 있을지 스스로에 대한 확신도 없었다. 혼자 하는 것과 여러 사람이 같이해야 하는 것 사이에 엄청난 구멍이 생긴 것 같은 기분이 들었다. 하지만 글 쓰는 방법을 배우고자 하는 간절함이 더 컸기에 나는 첫 통화에 〈책성원〉의 리더를 믿어보기로 결심했다. 때론 이 한순간의 결심이 인생의 방향을 360도 바꾸는 전환점이 되기도 한다. 〈책성원〉의 단톡방에 들어오면 매일 지켜야 할 약속을 만난다. 그 약속과 같은 규칙은 이러했다.

첫째, 데일리 미션을 완수하라!

데일리 미션은 매일 1꼭지 필사와 필사 후 감상 글 인스타그램에 올리기이다. 매일 하면 좋은 것이 필사이지만 개인 사정이 생기면 하루를 건너뛰기를 할 때도 있다. 하지만 필사를 하다 보면 필사의 긍정적인 효과를 몸으로 체험하기 때문에 필사의 리듬에 익숙해지면 서서히 매일 하고 싶은 필사가 된다. 또한, 필사 후 감상 글쓰기는 필사를 하면서 느끼는 감정들의 흐름을 정리하는 시간이 된다. 그 흐름을 따라가다 보면 전혀 다른 글을 적게 되는 시간으로도 이어진다. 더 나은 사람이 되어가는 과정을 만들어주는 약속은 자신의 의지가 아니면 지켜내기 어렵다. 늘 미션의 중심에 선 사람은 나 자신이라는 것을 잊지 말아야 한다.

둘째, 〈책성원〉 작가의 최소 의무사항을 지켜라! 세부적으로 나눠보자면 아래와 같다.

1. 매달 최소 15일 이상 필사를 해야 한다. 15일 이상 꾸준히 하다 보면 필사가 흔한 일상의 풍경이 된다. 몸이 저절로 컴퓨터 앞에 앉게 된다. 의도하지 않아도 글을 쓰는 몸이 만들어져 간다. 이렇게 하루 이틀 하는 필사가 습관이 되면 필사에서 느껴지는 긍정적인 영향권 안에 들어가고 있다는 것을 스스로 알아차리는

순간이 온다. 나는 필사를 생활화하는 것을 목표로 한다. 매일 물을 마시듯 필사를 하며 글을 쓰는 삶을 살고 싶다.

2. 가급적 인스타 감상 글쓰기다. 필사 후 감상 글쓰기의 진수는 멤버들의 생각과 마음을 공유한다는 것이다. 멤버들은 저마다 필사하는 책이 다르지만 같은 형태의 타이핑 필사를 하고 있다. 그러나 신기한 것은 같은 필사를 하고 있지만 각자가 풀어내는 글의 색깔은 다르다. 필사를 한 후의 감정을 글로 풀어낼 때 전해지는 뭉클함이 이해되면서도 글은 그 사람을 참 많이 닮았다 싶다. 또한, 인스타그램을 통해 자신의 글을 알리는 효과도 덤으로 온다. 실제로 많은 작가들이 자신의 책을 인스타그램을 통해 홍보하고 있다. 내 글 쓰는 연습장이 되어준다. 나를 알리고, 내 글을 알리는데 일등공신이 되어 줄 수 있는 수단이 되기도 한다.

3. 가능하다면, 1달에 1회 이상 줌 모임에 참석해야 한다. 줌(ZOOM)은 온라인 화상 플랫폼이다. 한 달에 두 번 온라인 줌 미팅을 통해 멤버들의 얼굴을 보며 서로의 안부를 묻는다. 단체 카카오톡 글만 보다가 직접 얼굴을 보며 대화를 나눌 수 있는 줌 모임을 통해 멤버들은 시, 공간을 초월해 한층 더 돈독해진다. 필사와 글쓰기를 하면서 느끼는 어려움과 좋은 점들을 숨기지 않고

교류한다. 비록 화상이지만 얼굴을 보며 주고받는 대화 속에 사람과 사람 사이에서만 느낄 수 있는 정(情)과 긍정적 에너지가 느껴진다. 글을 쓰는 사람들만의 즐겁고 유쾌한 맑은 기운을 듬뿍 받게 된다. 함께 하는 멤버들의 훈훈한 대화가 마음을 편안하게 해주었고, 낯가림으로 어색해하던 나를 〈책성원〉에 오래 머물고 싶게 했다.

4. 공저 참석 희망자는 전달 20일 이상 데일리 필사 완료해야 한다. 내 글을 써야 하는 사람은 글쓰기의 흐름을 손에서 잊지 않아야 한다. 그 흐름을 매일 되살아나게 하는 것이 필사이다. 그래서 필사를 더 열심히 하게 된다. 매일 하는 필사가 바로 글쓰기 훈련이다. 필사로 다져진 글쓰기 자신감이 바로 공저를 결심하게 만든다. 그 최소한의 시간이 20일이다.

5. 필사인증 시 연서표기를 잊지 말아야 한다. 【이름(전체 필사일, 필사/감상글) - 그달 필사일】은 멤버들에게 똑같이 부여된 연서표기법이다. 이 형식이 정해져 있지 않다면 한눈에 알아보기 힘들다. 예를 들어 【이현주 (99 일차, 필/ 감)- 11월 12일차】 이렇게 연서를 달아 단톡방에 필사 인증사진과 함께 올리면 데일리 미션완성이다. 필사 감상 글을 적은 날은 인스타그램

화면을 캡처하여 올리면 된다. 연서표기법이 자신의 필사와 글쓰기의 현 위치를 매일 숙지하게 한다. 나에게 이 연서표기법이 필사를 독려했다. 매일 누적되어 가는 필사의 흔적은 나를 더 단단하게 한다. 오늘 하루 약속을 지킨 나를 격하게 사랑하게 된다. 또하나를 해냈다는 자신감으로 가슴은 벅차다. 작은 성공이 더 큰 성공을 만든다. 일상의 소소한 성공들이 모여 자신을 더 큰 사람이 되게 한다.

규칙하면 학창시절 '학생주임 선생님'이 떠오른다. 학생주임 선생님은 학생들의 교복과 두발이 단정치 못하다거나 학교생활 전반적으로 불량한 태도를 보이면 크게 혼내기 때문에 학생들은 학생주임의 그림자만 봐도 슬슬 겁을 냈었다. 하지만 지금 와서 생각해보면 학생주임 선생님이 계셨기에 학교에도 지켜야 할 규칙이 있음을 인지하고 큰 사고 없이 무사히 졸업할 수 있었지 않나 싶다. 윌리엄 셰익스피어는 말했다. '규칙은 무거운 짐처럼 보일 수 있지만, 그것이 없으면 우리는 모두 마치 새끼 돼지처럼 행동할 것이다'라고. 굉장히 적절한 비유이다. 규칙이 없다면 어떻게 될까? 여러 사람이 함께한다는 것은 그만큼 오해의 소지와 마찰도 커질 가능성이 크다는 것이다. 오해와 마찰이 생겼을 때 이러한 규칙이 중재자의 역할을 하기도 한다. 규칙을 받아들이지 않고, 동의하지 않는 사람들을 미리 알아내는 역할을 하기도 한다. 이 규칙을 지키지 않아서 단톡방에서 나가야 하는 분이 생길 때는 안타깝다. 규칙은 멤버들을 하나의 주제로 몰입하게 한다. 이러한 규칙이 왜 필요할까 싶지만 모임의 취지에 맞는 규칙이 없다면 멤버들은 방향을 잃고 말 것이다. 규칙은 하나의 이정표 같은 거다.

맨 처음 〈책성원〉에 들어왔을 때 이 규칙 덕분에 흔들리지 않고 매일 필사를 하게 되었다. 매일 함께 해야 할 공통된 미션이 있다는 사실이 각기 다른 곳에 있는 멤버들을 하나의 길 위를 걷게 한다. 같은 길을 걸어가며 자신의 성공을 보여주며 서로에게 선한 자극제가 되어 준다. 나의 의지를 과대평가하는 것은 오만이다. 모임의 규칙이 존재하기에 나의 의지도 더 강해지는 것이다. 또한, 규칙은 멤버들이 필사에 대한 관심과 흥미를 가질 수 있도록 이끈다. '고기도 먹어 본 사람이 잘 먹는다'라고 하지 않던가. 필사를 시작해야 필사의 맛도 알게 된다. 필사를 꾸준히 오래 한다는 것은 지루해지기 쉽고, 지칠 수도 있다. 하지만 규칙과 미션들이 있기에 멈추지 않고 필사를 하게 된다. 그렇게 하다 보면 필사에 대한 참여도가 높아지고 자연스럽게 필사의 맛도 알게 되는 것이다. 규칙과 미션이 잘 지켜질수록 멤버들을 오래 끌고 가는 초석이 될 수 있다. 내가 지금까지 위의 규칙들을 지키며 필사를 이어갈 수 있었던 것은 규칙과 미션이 크게 부담이 되지 않았기 때문이다. 만약 미션과 규칙에 제약이 많았다면 나는 벌써 〈책성원〉에서 낙오자 신세를 면하지 못했을 것이다.

필사는 한 번으로 끝내야 할 숙제 같은 것이 아니다. 매일, 그리고 꾸준히 해야 하는 것이다. 다행히 내 특기라면 특기인 꾸준함이 〈책성원〉의 규칙과 미션을 만나서 필사를 지속할 수 있게 이끌었다. 혼자 하고 싶을 때 필사하고 하기 싫으면 필사를 하지 않아도 되는 환경에서는 필사의 효과를 보기 힘들다. 규칙은 어리석은 자의 눈에는 족쇄처럼 보이지만 지혜로운 자의 눈에는 더 나은 성장으로 이끄는 훌륭한 지침서로 인식된다. 〈책성원〉의 규칙과 미션은 멤버들이 필사를 하여 글을 쓰고 책을 쓰게 되기까지 기본 지침서가 된다. 규칙의 반강제성을 가지고 움직일 때 필사에도 탄력이 생긴다는 것을 기억하자.

우리는 서로를 '작가'라고 부른다

호칭은 그 사람이 누구인지를 말해준다. 또한, 어떤 일을 하는 사람인지, 어떤 사회적 지위를 가졌는지를 알려주는 중요한 역할을 한다. 오프라인이든. 온라인이든 사람과 사람이 만나는 일이기에 호칭의 중요성은 큰 의미가 있다고 할 수 있다. 특히, 나와 결이 맞는 사람들과 함께하는 곳, 내가 닮고 싶은 결의 사람들이 함께 모인 곳에서의 호칭이 중요하다는 것을 〈책성원〉에 들어와서 피부로 느꼈다. 나는 가정에서는 엄마로, 직장에서 수간호사로 불렸다. 가정에서 딸 아이들은 내가 기분이 좋아 보이면 장난 섞인 말투로 '이현주 엄마'라며 다정히 부른다. 내가 화가 났을 땐 '현숙이 엄마'라고 부른다. '내가 화가 많이 났구나.'라는 사실을 알아차리게 한다. 나를 어떻게 부르느냐에 따라 그 날의 분위기를 우리 가족은 느낀다. 또한, 직장에서도 직급을 달기 전에는 '이현주 간호사'에서 직급이 생기면서 '이현주 책임간호사', '이현주 수간호사'란 또 다른 호칭이 생긴 것이다. 이름 뒤에 따라오는 또 다른 호칭이 나의 역할을 대신 말해주고 있다고 해도 과언이 아니다. 우리 삶에 얼마나 호칭이 중요한지 여실히 드러난다. 〈책성원〉에도 멤버들끼리 이름 뒤에 불러 주는 우리만의 호칭이 있다. 그것은 바로 '작가'이다. 어떤가? 벌써 감이 오지 않는가? 바로 이것이 필사하면 맨 처음 듣게 되는 호칭이자, 또 다른 나를 만나게 하는 아름다운 언어이다.

간호사로 병원에서 일하다 보면 가끔 "간호사 언니"라고 부르는 고객이 있다. 어느 날 후배가 수유실에서 콜 벨이 울려서 나갔다가 들어오는데 불쾌감을 잔뜩 품은 얼굴로 들어오는 것이 아닌가. 그래서 무엇 때문에 그러냐고 물었더니 "아니 그 산모가 나를 언제 봤다고 말끝마다 언니~ 언니~하는지 모르겠어요. 진짜 욱할 뻔 했어요."라고 말했다. 자존심이 상했다는 것이다. 나 역시 이런 경험을 종종 겪었다. 익숙해질 만도 한데 언니라고 부르는 고객을 대할 때는 내가 존중받지 못하고 있다고 느끼기 때문에 은근히 마음이 상하고 기분이 좋지 않다. 나보다 훨씬 어려 보이거나 반대로 많아 보일지라도 '나는 그들의 언니가 아니다'라는 사실이다. 왜 의사한테는 오빠라고 하지 않으면서 간호사에겐 언니라고 부르는가? 호칭을 부른다는 것은 상대에 대한 예의와 존중의 표현임을 잊지 말아야 한다.

멤버들 간의 일관된 호칭은 서로에 대한 예의를 지키게 한다. 각자 다른 장소에서 살아가고, 연령대도 서로 다르기 때문에 최소한 지켜야 할 예의가 있다. 잘못하면 말 한마디에도 마음이 상하거나 심한 말다툼으로 이어질 수 있기 때문이다. 서로를 향해 '~작가님'이라고 부르는 순간 한 템포 눌러주는 마음으로 다른 사람을 대하게 된다. 서로를 존중하고 격려하는 마음이 생기게 되어 서로에게 긍정적인 영향을 주게 된다. 사람의 생각과 마음을 적당히 그어주는 보이지 않는 선을 지켜주는 것 또한 호칭이 아닐까 생각한다. 처음 〈책성원〉에 들어왔을 때 "이현주 작가님" 하고 부를 때마다 얼마나 얼굴이 홍당무처럼 화끈거리고 붉어지던지. 처음 보는 나를 반갑게 맞아주며 작가라고 불러 주니 뭔가 마음이 불편했다. 왜냐하면, 아직 나는 글을 써보지도 못한 그냥 아무것도 아닌 사람이라 생각했기 때문이다. 이 호칭이 거북스러워 당장이라도 단톡방을 나가 숨어버리고 싶을 만큼 나 자신이 낮아지는 것 같은 기분이 들었다. '책도 출간하지 않은 내가 작가라니! 이렇게 불려도 되나?' 하는 마음이 주눅이 들게 했다. 하지만 이 호칭은 매일 필사를 하며 내 글을 쓰고, 책 쓰기를 하는 데 매우 중요한 역할을 한다는 것을 몸으로 느꼈다.

꿈을 이루기 위해서는 현재형으로 '나는 무엇이다'라고 늘 잠재의식 속에 각인을 시켜야 한다고 말한다. 그러한 잠재의식의 효과를 '작가님'이라는 호칭으로 매일 마음속 깊이 새긴다. 작가라는 호칭을 자연스럽게 매일 불러 줌으로 인해 서로가 서로에게 작가가 되고, 나 자신에게도 떳떳한 작가 마인드가 장착되어 간다. 필사의 과정은 긴 여정의 출발선에 선 것과 같다. 필사를 시작했다고 바로 내 글을 줄줄 쓸 수 있는 것도 아니고, 내 이름 석 자가 적힌 책이 바로 세상에 나오지 않는다. 하지만 필사를 지속해야 작가란 꿈에 하루라도 더 빨리 다가설 수 있는 힘을 얻을 수 있다. 내가 필사를 하는 데 있어 '작가님'이란 호칭은 나를 작가의 삶에 살 수밖에 없도록 이끌어 주었다. 남들이 작가라고 불러 주니 진짜 작가가 되어야겠다고 생각하게 되었다. 지인들과 모임이 있는 자리에서 나는 당당히 밝혔다. 내 이름이 적힌 공저 책이 나올 예정이며, 앞으로 내 개인 저서도 쓸 생각이라고. 나 자신을 작가라고 아주 해맑게 웃으며 말하는 나의 모습을 발견했다. 확신에 찬 나의 모습을 보며 아직 책이 나오지도 않았는데 스스로 작가라고 대놓고 부른다며 한바탕 크게 웃은 적이 있다. 그렇다. 이렇게 호칭의 습관화가 무서운 것이다. 내가 애 둘을 낳고도 여전히 남편을 오빠라고 부르는 것처럼 말이다.

우리는 사람과 만나고 헤어질 때 인사를 한다. "안녕하세요." 이 인사 한마디가 모르는 사람과도 힘들이지 않게 친숙한 대화로 연결되는 통로가 되어주기도 한다. 엘리베이터에서 사람을 만나도 말없이 목석처럼 서 있으면 괜스레 마른침만 삼키게 된다. 1분이 10분이 되는 듯한 긴 시간을 핸드폰만 만지작거리다 내린다. 누구나 이런 비슷한 경험은 있지 않을까. 그러나 낯설고 어색한 사람을 만나더라도 "안녕하세요." 한 마디면 무겁던 침묵을 깨고 주위가 밝아진다. 〈책성원〉에도 밤의 긴 침묵을 깨고 아침을 알리는 특별한 인사가 있다. 멤버들 모두 하나 같이 아침에 눈을 뜨면 단톡방에 "좋은 아침입니다. 작가님"이라고 너나 할 것 없이 인사를 한다. 나 역시 새벽에 눈을 뜨면 필사인증을 하며 인사를 한다. 이제는 어색했던 인사말도 아무렇지 않게 한다. 전혀 마음에 걸리는 것이 없다. 진짜 작가의 삶을 살아가고 있다는 생각에 그 무겁던 마음도 깃털처럼 가벼워졌다. 시간의 힘은 호칭에 대한 어색함과도 작별하게 했다.

〈책성원〉의 리더 N 작가는 아침 인사가 얼마나 하루의 시작을 밝게 하는지 아는 사람이다. 아침 인사가 작가들의 하루 시작을 알리고, 첫 발걸음에 힘을 싣게 한다. 그 힘으로 하루를 버텨내고 더 나은 미래를 향해 움직이게 하는 원동력이 된다. 작가들의 아침 인사는 그 작가의 생활방식을 짐작케 한다. '이분은 이 시간에 일어나서 필사하나 보다.', '필사하는데도 부지런함이 몸에 배어야 하는군', '이미 책을 쓰고도 필사를 손에서 놓지 않는다니 대단해.' 등등 아침 인사에서 나는 또 다른 세상을 본다.

세상의 모든 사람은 존중받길 원한다. 자신의 이름이 누군가에게 불린다는 것은 나를 알아봐 주는 사람이 있다는 것이다. 나는 스스로 작가라고 인정하기까지 시간이 걸렸다. 하지만 그 사실을 인정한 후부터 용기가 생기고 필사에 집중했다. 나는 '이현주 작가'이다. 내 이름은 경주 이(李), 어질 현(賢), 두루 주(周)를 쓰고 있다. '두루두루 어질게 살아라.'라는 뜻으로 지어진 이름이다. 나는 이름처럼 내 삶을 살아가고 싶다. 우리가 부르는 호칭에는 이름이 포함되어 있다. 나는 서로에게 '작가'라고 불러 줄 때마다 좋은 에너지를 주고받는다고 생각한다. 누구에게나 자신의 이름만큼 기분 좋고 중요한 언어는 없다. 작가라는 호칭 앞에 붙은 자신의 이름은 생의 영광 그 자체다. 당신의 주변 사람들의 이름과 호칭에 존경을 담아라. 작가가 되고 싶거나, 작가가 되려고 하는 이들에게 가장 필요한 것은 그들을 작가로 인정하고, 작가라고 진심으로 불러 주는 일임을 기억하라. 당신이 '작가'라고 불어주었기에 용기를 얻을 수 있었다. 지금 이 순간, 아침 태양의 에너지를 받고 글을 쓸 수 있는 것은 나를 작가라고 불러 주는 이가 있었기에 가능했다. 함께 같은 길을 가며 서로를 작가라고 불러 주는 이들의 응원가에 탄력을 받고 부족한 점을 채워가며 글을 쓸 수 있었다. 작가라는 호칭이 작가 마인드를 만드는 첫 번째 일등 공신이다.

멘토를 믿어라

내가 속한 마스터 마인드 그룹의 리더는 나의 미래상에 부합해야 한다. 리더는 곧 멘토이기 때문이다. 리더를 보며 함께 성장할수 있고, 자신을 따르는 이들에게 바람직한 이상향이 되어야 한다. 그래야 리더를 보며 더 큰 성장을 꿈꿀 수 있다. 필사에 무슨리더가 필요하고, 멘토가 필요할까 싶지만, 이들이 없다면 잘못된 길에 들어가더라도 그 자체가 잘못된 길인지 알아차릴 수 없다. 그저 나의 아집과 오만으로 움직이면 초심을 잃고 헤매게 된다. 나는 마스터 마인드 그룹도 중요하지만, 그 안을 이끄는 리더이자 멘토는 더 중요하다고 생각한다. 겉모습이 화려하고 소위잘 나가는 작가보다 수수하면서도 나와 비슷한 삶을 살면서 그 안에서 하나씩 함께 성장해 나가는 모습을 보여주는 리더 작가를 선호한다. 타이핑 필사를 일찍이 먼저 접하고, 글을 쓰고, 책을 쓴 그 모든 과정이 생생하게 실린 책을 쓴 작가를 나는 선택했다. 그리고 믿음과 확신이 생겼다. 리더를 믿고 따르라. 의심을 지우개로 지워내면 나의 미래상이 선명해진다.

우리는 종종 첫인상으로 사람을 판단하는 오류를 범하기 마련이다. 나는 솔직히 사탕발림 말을 하는 사람을 가까이 두지 않는다. 직장 생활을 20년 이상 하다 보니 사람 보는 눈이 생긴다. 누가 말하지 않아도 대충 그 사람과 대화 몇 마디 해보고, 일을 대하는 태도만 눈여겨봐도 그 사람이 어떤 사람인지 판단이 선다. 나는 〈책성원〉에 처음 입성했을 당시 N 작가의 소탈하고 꾸밈없는 모습이 좋았다. 있는 그대로 솔직하게 보여주는 일상과 미사여구를 달지 않고 자신만의 노하우를 아끼지 않고 멘토링(mentoring)하는 모습을 보며 나의 또 다른 꿈이 생겼다. 언제까지 스승에게 의지할 수 없다. 글쓰기로 홀로서기가 가능한 때는 반드시 올 것이다. 그때 '필사로 하는 책 쓰기 모임'을 운영하고 싶다. 더 나아가 '필사로 책 쓰기 누구나 가능하다', 는 것을 알리는 강사가 되고 싶다. 너무 앙큼하고 깜찍하지 않나? 이런 생각을 하면 마냥 좋다. 상상은 자유이기에 한계가 그어있지 않은 원대한 포부와 기대하는 삶을 그려낸다. 우리는 이것을 희망이라 부르고 꿈이라 말한다. 필사 하나로 시작된 꿈의 연쇄반응이 신기할 따름이다. 남은 삶을 필사와 책으로 알차게 채워가고 싶은 게 지금 심정이다. 사람은 자신이 좋아하는 일을 할 때 가장 빛날 준비와 여력이 생긴다. 나는 참 운이 좋은 사람이다. 운도 실력이고 실패도 능력이라더니 진짜 그렇다. 운이 좋다는 생각이 좋은 사람들을 내 삶으로 초대하고, 그 사람들과 함께 더 크게 성장하도록 만든다.내가 작가의 삶을 살게 되면서 리더의 중요성을 깨달은 데 있어 나름 세운 리더의 조건이 있다.

첫째, 리더는 등대 같은 사람이어야 한다.
등대는 바다 위의 선원들에게 안전가이드 같은 존재이다. 특히 어둠이 짙게 내려앉은 잔잔했던 바다가 어느 순간은 거칠고 사나운 모습으로 생을 위협하기도 한다. 그때 등대는 빛으로 배 위의 선원들을 안전한 곳으로 안내하고 경고한다. 등대의 이러한 역할은 리더의 모습과 닮아있다. 리더는 필사와 글쓰기를 이어가는 이들이 방향을 잡지 못한 채 주저하고 있을 때 좋은 해답을 알려준다. '무엇이다'라고 정해진 답을 알려주면 편하고 좋겠지만 우리의 리더는 '중요한 팁(tip)'만 던져주고 나머지는 스스로 익혀 알아가도록 이끌어준다. 그 '중요한 팁'을 좌표 삼아 나만의 정답을 찾아가는 과정에서 실수를 반복하면서도 스스로 알아가는 재미가 하루를 살맛 나게 한다. 나도 생각보다 잘 해낼 수 있는 사람이라는 사실을 조금씩 알아가고 있다.

둘째, 지치지 않는 열정이 있어야 한다.

리더를 믿고 따라가는 멤버들은 리더의 말 한마디, 무심히 했던 행동에도 뜨겁게 반응한다. 무엇 하나라도 놓치기 싫은 배움에 대한 강한 의지가 자연스럽게 그렇게 만든다. 필사를 매일 꾸준하게 하다 보면 핑계를 찾는 때가 온다. 나 또한 그랬다. 매일 필사를 한 후 단톡방에 한 장의 사진으로 필사 인증하는 작가들을 보면 나만 뒤처져 가고 있는 듯하다. 한 달에 15일 이상만 하면 되는데도 매일 해야 한다는 부담감이 나도 모르는 사이에 마음 한편에 자리를 떡하니 잡고 있었다. 필사를 못 하게 되는 날이라도 생기면 괜히 불안했다. 필사하면서 느끼는 감정과 배움은 저마다 색깔은 다르지만 비슷한 감정과 배움이 공존한다는 것을 한 달에 한 번 하는 온라인 줌 미팅에서 알게 되었다. 리더는 그러한 멤버들의 이야기를 듣고 공감해준다. 그리고 누구나 겪는 과정이라며 멈추지 말고 앞으로 나갈 힘을 준다. 필사를 꾸준히 하게 하고 내 글을 쓰게 하는 능력을 세상 밖으로 끄집어내는 과정에 거침이 없는 리더 작가다. 어디서 그런 에너지가 나오는 건지 그 열정마저도 훔쳐오고 싶을 정도이다. 앞이 막막한 멘티들은 사소한 것에도 뜨겁게 반응해주는 열정 가득한 리더를 동경한다. 그 열정으로 다시 시작하는 힘이 생긴다.

셋째, 자신만의 경험으로 이뤄낸 결과물이 있어야 한다.

〈책성원〉의 리더 N 작가는 필사와 글쓰기를 하며 꾸준히 개인 저서와 공저 책을 출간하고 있다. 처음 〈책성원〉에 들어왔을 때 인터넷 서점 '예스24' 앱에 들어가 N 작가 이름을 검색했다. 순간 멈칫했다. 생각했던 것보다 출간한 책이 엄청 많았다. 책 제목만 봐도 작가가 전달하고자 하는 의도를 알아차릴 수 있었다. 책은 제2의 명함과 같다. 그녀가 쓴 책들이 'N 작가는 이런 사람이다'라고 대신 말해주고 있는 듯했다. 가시적인 결과물은 강한 설득력을 지닌다. 곧바로 리더에 대한 신뢰감이 급상승하는 기적을 가져오다니! 그만큼 자신이 경험으로 쌓아 올린 결과물은 진실하기 때문이지 않을까? 나도 필사부터 시작해야겠다는 다짐을 하는 계기가 되었다.

넷째, 리더는 어진 사람이어야 한다.

'어질다'라는 뜻은 '마음이 너그럽고 착하며 슬기롭고 덕이 높다'의 의미를 품고 있다. 개인적으로 이런 사람이 되려고 노력하는데 리더의 자질도 이와 별반 다르지 않다고 생각한다. 리더 N 작가는 어진 마음의 소유자이다. 자기 일을 하면서도 〈책성원〉 멤버들을 위해 자신의 시간을 적극적으로 나눠준다. 필사하면서 느끼는 감정들에 일일이 반응하고, 무심히 흘러가기 쉬운 일상에서도 세심한 자극을 끊임없이 피드백한다. 공저나 개인 저서를 쓰고 있는 작가들에게는 날카로운 지적과 함께 끝까지 해낼 수 있는 용기를 실어주려 노력한다. 실수도 긍정적인 마인드로 안아주며 '잘 하고 있다'라는 말 한마디로도 리더의 그림자처럼 따라가는 멤버들은 엄청난 위안이 된다. 리더를 볼 때 보이는 겉모습에 속지 말고 작고 아담한 작은 집에서도 웃음꽃이 피어나는 따스함을 볼 줄 아는 눈을 가지길 바란다.

리더는 어둠 속 등불과 같다. 등불에 의지해 따라가다 보면 칠흑 같은 어둠을 통과해 햇빛 속으로 들어온 나를 발견하게 될 것이다.

나의 인생 선배인 리더의 말을 믿고, 그 발자취를 따라가다 보니까 어느덧 개인 저서를 쓰고 있다. 자신의 목적을 위해 리더를 수단으로 이용하는 사람들을 종종 보게 된다. 씁쓸한 현실이다. 스승은 자기가 알고 있는 다양한 지식을 세상 사람들에게 나눠주는 사람이다. 공자가 말했다. '옛것을 익혀 새로운 것을 알면 스승이 될 수 있다'라고. 스승과 제자는 이런 능력을 갖추고 있어야 한다. 옛것에서 익힌 스승만의 실패와 성공이 압축된 자신만의 노하우를 알려주면 제자는 나의 현재 상황에 맞게 새로운 깨달음을 얻을 수 있는 관계가 되어야 한다. 리더는 더 많은 사람에게 자신의 지식을 전파하여 새로운 리더를 키워내고 있는 과정에 기뻐하는 사람이어야 한다. 시절인연의 힘으로 내가 생각하는 멘토의 조건에 부합되는 리더를 만났다. 리더의 가르침에서 깨달음을 얻고 새로운 도전을 하며 내 삶의 새역사를 만들어 가고 있다. 언젠가는 리더로부터 전수받은 책 쓰기 기술을 아낌없이 알려주는 좋은 리더의 삶을 살고 싶다. 서로에게 선한 영향력을 줄 수 있는 리더와 함께 글 쓰는 삶을 살기를 바란다.

당신만의 마스터마인드
그룹을 찾아라

변화는 두려움의 벽을 과감히 허물 때 시작된다. 내가 내디딘 첫 발자국이 있어야 없던 길도 만들어진다. 하지만 그 길을 걸어 갈 때 나와 비슷한 목표를 가지고 긍정적인 마인드를 지닌 이들과 함께 걸어갈 수 있다면 금상첨화이다. 풀들로 우거져서 보이지 않던 길도 조금씩 방향을 찾고 길이 만들어지기 시작한다. 나는 그 효과를 〈책성원〉에서 확인했다. 성공자들은 말한다. 꿈을 이루기 위해선 마스터마인드 그룹을 가지라고. 나보다 먼저 앞서 간 이들과 함께한다는 것은 나의 행동이 변화한다는 것이며, 내가 이루고자 하는 일의 결과를 더 크게 끌어내도록 한다. 내게 이런 마스터 마인드 그룹은 바로 〈책성원〉이다. 내가 이들과 함께하지 않았다면 빠른 시간 내에 엄청난 수확을 거둘 수 없었을 것이다. 끊임없이 내 안의 잠재력을 자극하는 힘을 가진 이들이 있었기에 멈추지 않고 필사를 하며 글을 쓸 수 있었다. 혼자 가려면 멀리 가지 못한다. 함께 가면 멀리 갈 수 있다. 혼자 가는 길이 비포장 길이라면 함께 가는 길은 확 트인 고속도로라는 것을 잊지 마라.

마스터 마인드(Master Mind)는 내 안에 여러 마음이 어떤 명확한 목표를 이루기 위해 서로 협력하고 완벽한 조화를 만들어 낸 상태를 말한다. 마스터 마인드 그룹은 이러한 마음의 소유자들이 한자리에 모인 집단이라고 생각하면 쉽다. 나는 마스터 마인드 그룹을 '각자 이루고자 하는 목표를 향해 걸어감에 있어 서로에게 좋은 자극제가 되어주고, 긍정적이고 희망적인 미래를 보게 하며 서로를 성장의 길로 이끌기 위해 모인 그룹이다.'라고 정의 내리고 싶다. 성공의 열쇠는 나와 함께 하는 이들 속에 있다. 마스터 마인드 그룹은 나를 더 높이 비상할 수 있도록 이끄는 힘을 가지고 있다. 그만큼 내가 함께하는 사람들이 누구냐가 중요하다는 뜻이다. 내가 만약 이러한 협력자들을 만나지 못했다면 나는 내 글쓰기는 시작도 못 했을 것이다. 그리고 작가라는 꿈은 그저 망상에 그치고 말았을 것이다. 내가 가고 자 하는 길을 내가 기대하는 방식으로 보여주는 이들이 내 곁에 있기에 꾸준히 필사를 놓지 않을 수 있었다. 작가들의 여과지 없이 드러나는 일상들이 나에겐 가르침을 주고 나를 반성하고 더 앞으로 나가게 하는 힘이 되어 준 것이다.

퇴사 후 남은 건 20년의 간호사 경력과 실직자라는 쓰디쓴 현실에 헛헛함을 감출 수 없었다. 퇴사와 동시에 사라진 '수간호사'란 직함도 깃털처럼 가볍게만 느껴졌다. 마음을 추스르기도 전에 주부의 삶이 찾아왔다. '아, 이렇게 될 줄 알았다면 아이들이 한 살이라도 어릴 때 실컷 안아주고 놀아줄걸. 뭣 하러 경주마처럼 일에 매달려 살았지?' 후회와 죄책감이 현실을 재확인시켰다. 딱히 정해진 길이 없던 내게 〈책성원〉은 '하루 한 꼭지 타이핑 필사'와 '필사 후 감상글 적기'라는 미션을 주었다. 하루 한 꼭지 타이핑 필사는 하루를 버틸 힘을 주었고, 새로운 꿈을 향한 열정을 깨웠다. 책을 읽으며 한 꼭지 베껴 쓰는 일로 글쓰기의 해상도가 점점 좋아지는 기분이 들었다. 필사인증을 하며 누적되어 가는 필사 일수를 확인할 때면 작가가 되어야겠다는 생각은 확신으로 가득 찼다. 〈책성원〉에 소속된 작가들은 서로가 서로에게 긍정적인 피드백이 되어준다. 이미 다작의 책을 출간한 작가부터 인생 첫 책을 쓴 작가, 그리고 인생 첫 책 출간의 꿈을 꾸며 꾸준히 필사하며 책 쓰기 근육을 다져 가고 있는 예비작가들까지 구성원들이 다양하다. 직업도, 사는 곳도 다른 작가들이 들려주는 이야기와 응원이 멈추지 않고 계속할 수 있게 끊임없는 자극제가 되어 인생 첫 책까지 쓰게 했다. 어쩌면 내 인생에 있어 가장 큰 터닝 포인트라면 〈책성원〉을 알게 된 게 아닌가 싶다. 인생 첫 책을 쓰고 싶지만, 실행으로 옮기지 못하는 것은 방법을 모르기 때문이다. 무엇부터 어떻게 시작해야 할지 모르기 때문에 마음처럼 글쓰기의 거리가 좁혀지지 않는다. 늘 제자리에서 맴도는 듯한 막막한 기분을 나 또한 느껴봤기 때문에 잘 안다. '백지장도 맞들면 낫다.'라는 속담이 있다. 모르면 방법을 찾아 나서야 한다. 두려움 뒤에 숨어서 한 발자국도 내딛지 못하면 늘 제자리에서 맴돌 것이다. 혼자 하면 외롭고 힘든 길도 함께 하는 이들이 있다면 그 길에 서광이 비치기 시작한다, 길이 조금씩 보이기 시작할 것이다. 글쓰기에도 마스터 마인드 그룹이 왜 필요한지 말하고자 한다.

첫째, 내가 기대하는 모습과 닮은 '나의 미래 거울'이다.
나에게 그들은 살아있는 전설이다. 그들의 역사가 누군가의 전설이 된다는 것은 그 얼마나 위대한 일인가. 언젠가는 나도 그 누군가의 전설이 되길 기대한다. 글을 쓰는 작가라 하면 뭔가 모르게 거리감이 있다. 아는 지식도 많고, 똑 부러질 것만 같다. 또한, 작가는 나와 다른 특별한 세상의 사람이다. 그러나 나의 마스터 마인드 그룹인 〈책성원〉의 작가들은 나와 평범하게 일상을 살아가는 이들이다. 자기만의 직업도 있는 것과 동시에 글을 쓰고 있는 작가의 삶을 살아가고 있다. 나는 '글 쓰는 작가, 간호사'란 타이틀을 가지는 것이 꿈이 되었다. 혼자 막연하게 꿈꾸던 삶이 이제는 이들과 함께하며 현실로 드러나고 있다. 타이핑 필사의 중요성을 잘 모르던 삶에서 이들이 이뤄내는 결과물들을 보며 왜 매일 하루 1꼭지 필사를 해야 하는지 그 중요성을 알게 되었다. 그 중요성을 인식하고 나니 그들의 일상에서 나의 미래를 볼 수 있었다.

둘째, 꿈의 길을 알려주는 '실시간 내비게이션'이다.

자동차를 타고 도로 위를 달리다 보면 '아차'하는 순간 우리는 길을 잘못 들어서 헤매는 경우가 종종 있다. 그럴 때 올바른 방향으로 되돌려 줄 내비게이션이 있기에 크게 당황하지 않는다. 예전에는 지도를 보며 목적지를 찾아가던 때가 있었다. 과학 기술의 혜택을 톡톡히 누리고 있는 우리에게 내비게이션의 친절한 안내자가 없었다면 어떻게 될까? 우리는 자동차를 타고 가더라도 익숙한 길이 아니면 헤매게 될 것이다. 또한, 목적지에 도착하는 시간이 지금보다 훨씬 더 많이 걸려 도착하는 일이 뻔한 일이다. 혼자서 가는 길에 지도를 보며 가는 것과 내비게이션을 보며 가는 것과는 엄청난 차이가 있다. 우리는 더 깊은 구렁텅이 속으로 빠져들어 자신을 자책하게 되거나 아니면 그 자리에서 주저앉아 길을 잃은 아이처럼 누군가 나를 찾아 주기를 기다려야 할지도 모른다. 나에겐 나의 잘못된 부분을 솔직하게 고쳐주고, 더 나은 생각의 씨앗을 심어주는 실시간 내비게이션 같은 존재가 있다. 내가 길을 헤매고 있을 때 재빨리 경로를 수정해서 조금 더 수월하게 꿈의 길에 한 발짝 움직일 힘이 되고 방향을 제시해주는〈책성원〉의 멤버들이 그러하다. 필사하고, 글을 쓰면서 느끼는 모든 감정과 문제에 부딪힐 때 그들은 실시간 조언과 격려를 아끼지 않는다. 그들이 차곡차곡 쌓아 올린 경험들이 나를 반성하게 하고, 그 안에서 해답을 찾게 했다. 다시 일어서게 하는 힘을 주는 이들이 모인 곳이면 불가능할 것 같은 일들이 마법을 부린다. 그리고 꿈을 이루게 하는 힘이 있다. 내 글쓰기 방법을 몰라 헤매고 있는가? 멀리서 찾지 말고 가까이에서 찾아보라. 그리고 문을 두드려보라. 어렵지 않다.

셋째, 'You can do it'의 동기부여가이다.
얼핏 생각하면 필사는 쉬운 것으로 생각하기 쉽다. 나 역시 그랬다. 하지만 내 생각은 오만한 것임을 뼈저리게 느꼈다. 베껴 쓰는 글에도 정성이 필요하다. 공을 들여야 한다, 매일 하는 필사에도 시간과 열정, 그리고 끈기와 꾸준함이 절실히 필요한 일임을 온몸으로 체감하고 있었다. 한 가지를 잘하게 되는 비법은 포기하지 않고 계속 그것을 밀고 나가는 힘에 있다. 어느 날은 너무 피곤해서 미루게 되거나, 어느 날은 몸도 마음도 지쳐 필사가 귀찮게 느껴지기도 한다. 그런 고비 고비들이 찾아올 때마다 나의 멘토들의 열정이 나를 책상 앞에 앉아 필사하게 했다. 매달 두 번 작가들과 하는 줌 미팅 시간은 'Good news, Bad news'로 시작한다. 워밍업 시간으로 2주간 개인적으로 경험했고, 느꼈던 일상의 크고 작은 일들을 자유롭게 소통하다 보면 공감과 위로가 절로 채워진다. 나처럼 다른 작가들도 비슷한 생각과 감정을 느끼고 있었다는 것에 훌훌 털고 별일 아닌 듯 다시 일어설 힘이 생긴다. 더 나아가 리더 N 작가의 글쓰기 방법에 대한 진지하고도 솔직한 가르침은 내 글 쓰는 데 많은 도움이 된다. 이미 여러 권의 책들을 세상에 내놓은 작가라 수많은 시행착오가 집약되어 공존하는 '살아있는 교과서'와 같다. 언제, 어디서 이런 귀한 경험을 듣고 가르침을 받을 수 있을까. 끊임없는 동기를 부여하는 사람들이 있다는 것은 든든한 지원군이 내 곁에 있다는 사실이다. 유비에게는 관우, 장비, 제갈량이 있었다. 나에게는 〈책성원〉이 있다. 든든한 지원군과 함께 성장하는 삶이 주는 기쁨을 꼭 누렸으면 한다.

　필사의 시작은 책 쓰기의 기본기를 체화할 수 있는 문턱을 넘는 과정이다. 필사를 꾸준하게 하는 힘은 나의 강한 의지도 중요하지만, 그것을 매일의 일상 속에서 지속하게 하는 힘을 주는 존재들도 반드시 필요하다. 화가 빈센트는 말했다. "친한 벗은 진정한 인생의 보물이다. 때로 그들은 우리에 관해 우리 자신보다 더 잘 안다. 그들은 정직한 태도로 우리를 안내하고, 지지하며, 우리의 기쁨과 슬픔을 공유한다. 그들의 존재는 우리가 결코 혼자가 아니라는 것을 상기시켜준다." 나의 마스터 마인드 그룹, 〈책성원〉을 이루고 있는 이들을 잘 설명해주는 찰떡같은 표현을 만나다니! 당신은 지금 누구와 함께 성장을 꿈꾸는가? 당신이 가장 가까이하는 사람들, 5명의 평균이 당신의 미래라는 것을 잊지 말자. 그들이 당신을 말하고 보여줄 것이다. 당신의 성장을 함께 응원하고, 당신의 꿈을 지지하는 이들과 친해져라.

이제 꾸준히 필사할 일만 남았다

간호사가 되면 사는 게 편할 줄 알았다. 전문직 여성으로 어딜 내놔도 손색이 없다고 생각했다. 하지만 내가 생각했던 간호사의 삶은 그렇게 녹록지 않았다. 상하관계가 분명하고 근무시간 안에 해결해야 할 일들에 마음 편할 날이 없었다. 간호사로 살아낸 20년의 세월이 무색하게 20년 전 내가 그린 나의 모습과는 자꾸만 멀어지는 기분이 든다. 사춘기 딸아이 둘을 둔 엄마의 자리는 외롭고 지쳐만 갔다. 하루가 멀다 하고 날 선 말들이 오가는 일상에서 나를 지키고 싶었다. 그리고 나이는 조금씩 들어가는데 익숙해진 일상은 고장 난 신호등이 바뀌길 기다리는 사람처럼 정지선에 멈춰 선 기분이다. 매년 내 의지와 상관없이 나이는 먹어간다는 사실이 두렵기도 했다. 마흔 중반이 되면서 언제까지 병원에서 간호사 일을 할 수 있을지 막연한 불안감은 바람에 흔들리는 나뭇가지처럼 나를 매 순간 흔들었다. 어떠한 상황에서도 나를 지킬 힘, 나에겐 변화가 필요했다. 내 인생은 내가 구해야 할 책임이 있다. 그래서 방법을 찾기 시작했고 하늘이 나를 도와 〈책성원〉을 만났다. 그리고 타이핑 필사에서 답을 찾아가는 중이다. 그 어느 때보다 더 열심히 필사를 이어가고 있다.

필사만이 살 길이라고 말하고 싶은 게 아니다. 내가 우연히 만난 필사로 인생 전환점을 만난 것처럼 다른 이들도 책을 읽으며 필사를 해보면 어떨까 하는 물음표를 던지기 위함이다. 선택은 본인의 몫이다. 잘 차려진 밥상에 숟가락을 얹을 용기는 본인 스스로 결단을 내려야 한다.

지금도 조성희 작가의 유튜브 채널을 보며 꾸준히 손 필사를 이어가고 있다. '조성희의 Mind Power'라는 그 말이 가슴을 통과해 심장에 깊게 꽂혔었다. 삶에서 오는 불안함의 근원과 나에 대한 확신이 부족한 이유가 바로 마인드 파워에 있지 않을까, 하는 생각이 머릿속을 떠나지 않았다. 조성희 작가의 히스토리는 얼마나 대단한지 나도 마인드 파워의 힘으로 인생역전 하고 싶단 생각이 뜨거운 용암처럼 치솟았다. 유튜브 재생 목록을 클릭해서 들어가면 'Mind Power! 100일 마음 근육 강화!'라는 글자가 눈에 들어온다. 조성희 작가의 《뜨겁게 나를 응원한다》란 책을 1일부터 100일까지 10~15분 사이 분량의 강의로 임팩트있게 독자들의 마음 근육을 여전히 소리 없이 키워주고 있다. 나는 매일 새벽 기상을 하며 조성희 작가의 책을 강의를 들으며 필사하고 있다. 짧지만 강력하게 마음을 울리는 글들이 조성희 작가의 동영상 메시지와 함께하니 시너지 효과가 장난 아니게 솟아나는 기분이 들게 한다. 그렇게 시작한 새벽 기상과 독서, 필사는 나를 꾸준하게 해내는 사람이 되게 했다. 꾸준함은 같은 일을 변함없이 행동할 때 차곡차곡 저장되어 나를 이끄는 힘이 된다. 무엇인가를 매일 반복한다는 것, 그 반복적 행위에 자신을 일으킬 기적이 숨어 있다. 뭔가 모르게 나 스스로가 단단해지고 내 안에 채워지는 보이지 않는 힘을 느낄 수 있게 한다. 새벽 기상, 새벽 독서, (손) 필사를 매일 해나가면 언젠가는 내가 갈 길이 보이지 않을까 하는 마음도 함께 공존했다. 타이핑 필사를 알게 되면서 막연했던 길은 짙은 안개를 거두고 내가 갈 길을 보여주었다. 책을 읽으며 틈틈이 필사해둔 덕분에 기억하고 싶은 문장이나 마음에 끌리는 문장, 명언들이 이제는 나의 글감이 되어있다. 이 모든 과정이 조화롭다는 생각이 든다.

생각해 보면 포기하지 않고 꾸준히 실천할 수 있었던 새벽 시간이 축적되어 타이핑 필사도 끈기를 가지고 지속할 힘을 주었다. 작은 습관이라도 꾸준히 실천해보라 권하고 싶다. 그것이 필사라면 무조건 환영이다. 일상의 작은 변화를 오래 지속한다는 것은 기회가 왔을 때 도전하고 버틸 힘을 준다. 보라, 새벽 루틴에서 시작되어 타이핑 필사 루틴이 가져다준 엄청난 변화를. 나도 당신도 할 수 있다.

〈책성원〉과 타이핑 필사를 알게 된 것에 감사한다. 손으로 해야 진정한 필사라고 생각했던 내가 타이핑 필사를 하면서 변화하는 나를 보며 이제는 내가 타이핑 필사의 기적을 알리고 싶을 정도로 온 신경이 집중된 상태이다. 손으로 하는 필사도 좋지만, 책을 쓰고 싶은 사람에게 타이핑 필사만큼 원하는 효과를 빠르게 보는 것도 없다는 생각도 든다. 왜 나는 손으로 하는 것만이 필사라는 편견을 하고 있었을까? 그 이유는 내가 경험해보지 않았기 때문이다. 사실 손으로 필사를 하면서 '워드 치는 것이 더 나을 것 같다'란 생각을 아주 잠깐 했었는데 그 필사에 대한 생각의 틀을 깰 수는 없었다. 지금은 타이핑 필사의 효과를 누구보다 자신 있게 말할 수 있다. 그리고 이 책을 읽는 독자들이 하루빨리 타이핑 필사를 시작해 보길 권한다. 타이핑 필사를 하고 〈책성원〉의 멤버들과 함께 하는 시간이 늘어갈수록 아쉬운 마음이 든다. 조금 더 일찍 〈책성원〉을 만났더라면, 그래서 하루라도 빨리 타이핑 필사를 시작했더라면, 그랬다면 나는 어떠한 삶을 살아갈까? 하는 아쉬움이 문득문득 드는 것을 어찌할 도리가 없다. 하지만 이내 고개를 흔든다. 내가 그때 알게 되었더라도 딸아이 둘을 키우며 3교대 근무를 하던 때라 모르긴 몰라도 귀에 들어오지도 않았을 게 뻔하다. 지금 당장 먹고 살아내기도 벅찬데 한가한 소리랍시고 무시해버렸을 게 자명하다. 이렇게 생각하니 마음 한구석이 위로받는 기분이다. 그래! 지금이라도 늦지 않았다. 그때는 내가 준비되지 않았기 때문에 오지 않는 인연이었다. 이제부터라도 만났으면 된 일이다. 대통령도 하늘이 움직여야 한다고 하지 않는가. 내가 필사를 시작할 수 있었던 모든 상황은 하늘이 움직인 탓일 게다. 기나긴 침묵 속에서 홀로 지켜낸 그 시간이 기특해서 하늘도 내 편에 섰나 보다.

벌써 퇴사한 지 5개월 차에 접어들어 있다. 퇴사하고 막막했던 하루가 그 어느 때보다 선명하고 확신에 차 있다. 그리고 그 어떤 고민도 필요 없다. 필사를 많은 사람이 함께했으면 하는 마음으로 꾸준히 필사를 이어가고 있다. 책을 쓰는 하루에 나의 에너지가 고갈되어 가더라도 나는 행복할 것만 같다. '내일 죽어도 여한이 없다.'란 말을 해도 될 만큼 남은 삶을 잘 살아내고 싶어졌다.

이 모든 것은 타이핑 필사로 시작되었다. 내일은 어떤 글을 필사하고 어떤 글을 쓰게 될지 기대되는 삶을 산다는 것은 내 안의 생각들이 또 다른 옷을 입고 새로 태어나는 일이다. 생각으로만 머물다 간 것은 연기처럼 사라지고 흔적을 남기지 않는다. 하지만 글로 남겨지면 그것은 형체를 남기고 다른 이들에게 또 다른 생각으로 새 옷을 입는다. 필사하면서 깨달은 것들이 나를 지탱하는 자양분이 되고 글로 남겨지는 과정을 반복하게 한다. 더는 불안했던 마음도 없다. 나는 앞으로도 글을 쓸 것이기 때문이다. 나를 아는 이들에게 타이핑 필사에 관해 이야기하지만, 아직 그들은 받아들일 준비가 되지 않았다. 30대의 나처럼. 그럼에도 불구하고 나는 끊임없이 말해줄 것이다. 그들도 때가 되면 나처럼 좀 더 빨리 시작하지 못한 것에 아쉬움을 가지고 필사에 몰입하게 될 거란 것을 나는 이미 알아버렸기 때문이다. 고뇌의 시간은 지나가고, 나는 이제 꾸준히 필사하는 일만 남았다. 그리고 나는 상상한다. 내 이름 석 자가 적힌 책을 가슴에 품고 기쁨의 환호성을 외칠 그 날을! 오늘도 내일도, 10년 후에도 나는 필사를 이어가며 글을 쓸 것이다.

작가가 되고 싶은 이들이라면 타이핑 필사를 시작해 보라 권하고 싶다. 꿈은 가만히 있으면 이뤄낼 수 없다. 아무것도 하지 않으면서 내 인생에 변화가 오길 바라는 이들은 꽃씨를 심지 않고 예쁜 꽃을 피워내길 바라는 것과 같다. 내가 원하는 꽃이 피길 바란다면 땅속에 원하는 꽃의 씨앗을 심어야 한다. 타이핑 필사는 책을 쓰기 위해 심어야 할 씨앗이다. 타이핑 필사라는 씨앗에 공을 들이다 보면 나에게 작가라는 꽃을 선물할 것이다.

나는 직장을 그만두는 선택을 했다. 경영난으로 힘들어하는 병원을 떠난다는 것은 한편으론 아쉬웠지만 나를 위한 '결단'이었다. 막연히 글을 쓰고 싶다는 마음만으로 새벽 기상을 한다고 지금과 같은 삶의 변화를 가져올 수 있었을까? 직장을 잃은 실직자의 신세를 면하지 못했을 것이다. 실업급여에 의존하며 불안한 삶을 지속하고 있었을 게 뻔하다. 그러나 나는 20년 만에 찾아온 이 시련이라면 시련인 이 시간을 〈책성원〉과 인연이 되어 '타이핑 필사'를 하게 된 것은 하늘이 주신 기회라고 말하고 싶다. 내가 또 다른 삶을 살아갈 수 있게 해준 최고의 시간이다. 여러분도 망설이지 말고 도전해보길 권한다. 타이핑 필사, 하고자 하는 의지만 있다면 누구나 가능하다. 내가 글을 쓸 수 있었던 것은 타이핑 필사를 시작했기에 가능한 삶이다. 필사의 힘을 믿어라, 그 힘이 당신을 쓰게 만들고, 당신의 눈으로 작가의 삶을 보게 하는 기적을 만들 것이다. 필사! 시작하자.

인생, 걱정 마라!
더 좋은게 오고 있다

인생은 양면의 동전과 같다. 동전을 높이 던지고 손바닥 위로 떨어지는 동전을 상상해보라. 동전의 한쪽 면이 앞면이 될지 뒷면이 될지 확률은 50:50이다. 내게 닥친 불행이 내일의 행복이 될 수도 있고, 오늘의 행복이 내일의 불행으로 둔갑하여 족쇄를 채울지 알 수 없는 게 인생이다. 가만히 둘러보면 양극성을 가지고 세상은 움직인다. 낮이 있으면 밤이 있고, 해가 있으니 달도 있다. 보이는 게 다가 아니다. 보이는 것 너머 희망을 보고 달려야 한다. 우리는 보이는 것에 믿음을 주기보다 보이지 않는 것에 믿음을 주는 힘을 길러야 한다. 언제 어느 때 동전의 양면과 같은 일이 생길지 아무도 모른다. 거센 파도가 밀려오면 피하지 말고 파도 위를 올라타야 한다. 우리가 배워야 할 것은 파도 위를 올라타는 법이다. 사실 이렇게까지 필사를 열심히 하게 될 줄은 생각조차 하지 않았다. 무게를 두지 않고 시작한 필사였다. 뜻밖의 선물 같은 일들이 내 삶 속에서 영화처럼 펼쳐지고 있는 것 같아 하루하루가 설레고 기대된다. 나는 필사로 내 인생의 파도 위를 올라타는 법을 배워가고 있다. 필사가 이뤄낸 나의 역사의 가치는 돈으로도 환산할 수 없는 나의 귀한 자산이다.

사실 나는 20년 이상을 병원 생활을 하던 간호사이다. 내가 살아 낸 역사를 증명이라도 하는 듯 두꺼워진 경력만큼 나이도 어느덧 40대 중반이 되었다. 불혹의 나이가 되면 나 자신이 특별해질 줄 알았다. 불혹(不惑)이라 함은 '세상 일에 정신을 빼앗겨 판단을 흐리는 일이 없는 나이'라는 뜻이다. 중학교 시절 한문 시간에 선생님께서 들려준 불혹의 나이 마흔은 뭔가 특별하게 다가왔다. 그러나 막상 내가 그 나이가 되어보니 인생의 흔들림에 더 민감하게 반응하고 불안해하고 있었다. 병원과 집을 반복하는 일상은 더는 신선하지도, 설레지도 않았다. 늘어가는 나이가 나 자신에게 짐이 될 수도 있다는 것을 40대를 넘어서면서 더 피부에 와 닿았다. 내 안에 잠든 거인을 깨워야 할 이유가 충분하다고 느낀 그때는 내가 일하고 있었던 병원이 경영난에 시달리면서 내가 일하던 부서가 사라진 때이다. 오랜 병원 생활은 지칠 줄 모르는 말처럼 나를 살게 했다. 한 가정의 엄마란 자리, 한 남자의 아내, 그리고 한 집안의 며느리 그리고 한 직장의 직원, 이 모든 자격증을 몸에 지니고 살아야 했으니 충분히 지칠 만하다. 하지만 그런 나의 자격증의 무게가 정작 나를 돌보는 삶을 어렵게 한 건 아닌지 생각해본다. 어느 정도 아이들도 컸고, 평소 책을 가까이하던 나이기에 책과 관련한 그 무언가를 하고 싶다는 막연한 꿈을 남몰래 그려가고 있었다. 일하면서도 내가 좋아하면서 할 수 있는 일을 찾고 싶었다. 왜 좀 더 일찍 나를 찾으려 하지 않았을까? 세상에 문을 닫고 살아온 기분이다. 마흔 중반에 실업자가 되었을 때 나는 지금이 아니면 또 다른 나를 만날 기회는 더 이상 오지 않을지도 모른다는 생각을 했다. 하늘이 주신 나를 위한 기회를 놓치고 싶지 않았다. 지금이 아니면 언제, 시간이 주는 자유를 만끽할 수 있을까? 시간은 늘 가족과 직장의 족쇄가 되어 나를 돌볼 틈조차 허락지 않았다.

실업급여를 받을 수 있다는 것은 나의 꿈을 이루기 위한 하나의 작은 위로이자 믿는 구석이 되어주었다. 심리적 부담감을 내려놓고 하고 싶은 일을 할 수 있다는 사실이 병원을 과감히 떠날 수 있는 마지막 이유가 되었다. 내 의지로 선택한 퇴사 이외에 실직은 내 인생 계획에 없었다. 난생처음 당하는 일들이라 이것이 어떤 의미인지 생소하기만 했다. 돌이켜보면 근무하면서도 늘 마음 한구석은 편치 않았다. 병원이 경영난으로 몸살을 앓고 있다는 사실은 내가 언제든 직장을 잃을 수 있다는 것이다. 이직을 생각해야 하나 싶다가도 정들었던 병원 직원들과 나를 믿어주는 사람들이 있었기에 병원 사정이 안 좋다는 이유로 사직한다는 것이 내게 허락지 않았다. 그 끝이 어디든 함께 가자! 라고 결심했다. 그리고 병원이 어떤 상황이 되든 불안하지 않게 '내가 할 수 있는 무엇인가를 시작해야겠다'라고 마음먹었다. 간호사란 직업을 대신할 제2의 커리어가 절실히 필요했다. 내 나이 마흔 중반, 언제까지 월급쟁이로 살지 그 무엇도 보장된 게 없다고 생각하니 심장이 당장 멈춰 버린다 해도 아무렇지 않을 만큼 가슴이 조여 오는 기분이 들었다. 무엇을 다시 시작하는 도전 앞에 늘 나이가 걸림돌이 되는 것 같은 착각이 든다. 그런 혼자만의 위험한 착각이 안전지대를 벗어나지 못하게 발목을 붙잡았지만, 그래도 한번 새로운 길을 찾아 나섰다.

내가 처음으로 한 일은 '인스타그램'이란 것이다. 이런 세상이 있다니, 인별 세상은 내가 알지 못하는 세상 이야기들로 가득 차 있는 미지의 세계나 다름없었다. 내 심장이 콩닥콩닥 거리는 것을 느꼈다. 왠지 내가 하는 고민의 해답이 이곳에 있을 것만 같았다. 기분 좋은 두근거림이 얼마나 좋던지. 사실 2년 전부터 새벽 기상을 시작했다. 남들보다 이른 아침을 맞이하며 새벽 독서와 필사를 실천하고 있었다. 혼자서 루틴을 습관으로 만들려니 상당한 의지가 뒷받침되어야 가능하다는 것을 알았다. 내가 억지로라도 할 수 있게끔 등 떠밀어 줄 그 무엇인가가 필요하던 찰나 인스타그램을 알게 되었다. 나와 비슷한 생각을 가지고 매일 새벽 기상을 인증하며 하루를 남들보다 먼저 시작하는 사람들이 생각보다 많다는 사실에 엄청난 충격을 받았다. 이것이야말로 내가 새벽 기상을 하며 독서와 필사를 꾸준히 이어갈 수 있는 확실한 동기부여가 될 수 있겠다는 생각에 심장이 두근거렸다. 그렇게 지금까지 남들보다 먼저 일어나 새벽 루틴을 시작하는 특별한 삶을 살고 있다.

병원 경영에 문제가 있다는 사실을 인지한 후부터 언제든 실업자로 전락할 수 있다는 불안감이 가슴 한구석에 부채가 되어 따라다녔다. 피하고 싶은 만약의 상황이 온다 해도 나를 단단하게 지켜 줄 무엇인가가 절실히 필요했다. 오직 그 마음 하나로 아침을 남들보다 먼저 시작했다. 병원은 매달 나가는 임대료 부담을 이겨내지 못하고 내가 일하던 조리원은 폐업 절차를 밟았다. 마지막 퇴실 산모와 아기를 정성껏 보내드리고, 텅 빈 조리원을 둘러보며 소등을 한 후 뒤돌아 나오던 때가 엊그제 일같이 느껴져 지금 생각해도 코끝이 시큰해져 온다. 집으로 돌아와 멍하니 창밖을 바라봤다. 실감이 나지 않았고, 당장 내일부터 나갈 직장이 없다는 사실이 믿어지질 않았다. 그래도 다행이라면 다행인 게 실업급여 대상자라는 사실과 그동안 내가 해오던 새벽 루틴 덕분에 멘탈이 크게 흔들리진 않았다. 때마침 알게 된 〈책성원〉이라는 모임을 통해 필사라는 것을 알게 되었고, 집중해서 그동안 하고 싶었던 일들을 맘껏 누릴 수 있는 시간이 주어진 것에 감사하기로 마음먹었기 때문이다. 2년 전부터 해오던 새벽 루틴이 이렇게 힘이 되어줄 줄 꿈에도 생각지 않았다. 새벽 기상과 조성희 작가의 《뜨겁게 나를 응원한다》라는 책 6권의 필사 그리고 그것을 응원해주던 인친들 덕분에 알게 모르게 쌓인 나만의 단단한 마음벽돌이 힘을 발하는 순간이었다. 나는 책을 꾸준히 읽고, 쓰면서 삶을 기록하기로 마음먹었다. 그동안 읽기만 하던 독서에서 타이핑 필사로 쓰면서 읽는 독서를 시작했다. 서평단 신청도 하면서 서평 쓰기의 즐거움도 배워가고 있다. 〈책성원〉의 한 일원으로 필사의 신세계에 들어오면서 내 삶은 적극적이고 능동적인 변화의 토대를 다져갔다.

〈책성원〉에서 이야기하는 필사는 내가 해오던 손 필사가 아니라 키보드 자판으로 한글 프로그램에 옮겨 적는 '타이핑 필사'를 말하고 있었다. 나 역시 이 자판으로 쓰는 필사를 생각 안 해본 건 아니었다. 손으로 하는 필사는 어느 정도의 시간이 흐르면 손목과 손가락이 조금씩 아파져 와서 필사를 오랫동안 지속하기에는 무리가 있었기 때문이다. 그런데도 내가 손으로 쓰는 필사를 고집한 이유가 있다. 내 손끝으로 글을 직접 종이 위에 옮겨 오면서 몰입하게 되는 나와 내 필체가 조화를 이루어 새롭게 재탄생한 듯한 저자의 문장이 주는 울림을 매일 만나고 싶기 때문이었다. 손 필사의 긍정적인 면들을 뒤로하기 싫은 내 고정관념의 틀을 벗어나지 못했기에 타이핑 필사에 대한 생각으로만 그치고 말았는지도 모르겠다. 생각 뒤엔 반드시 행동이 따라와야 변화가 있다는 것을 확인하는 계기가 되었다. 내가 등한시했던 타이핑 필사를 〈책성원〉에서는 모든 멤버들이 매일 그것도 꾸준히 실천하며, 공저부터 개인 저서까지 출간하는 기적을 보여주고 있다. 그 낯선 충격을 나는 아직도 잊을 수가 없다. 꼭 손으로만 하려고 했던 내가 얼마나 '우물 안의 개구리' 같았는지 깨닫는 순간이었다.

내가 〈책성원〉가입을 하고 바로 타이핑 필사를 시작한 것은 아니었다. 어쩌면 N 작가의 필사를 시작해 보라는 조용한 독촉이 없었다면 나는 타이핑 필사도 작가의 꿈도 생각으로 끝나 버렸을

지도 모른다. 사실 당시 다니던 병원을 퇴사하기 전이라 마지막까지 마무리해서 정리해야 하는 일들이 많았다. 우선 내가 실업자가 되어야 한다는 사실을 받아들이지 못하는 시간이었다. 솔직히 무엇을 어떻게 시작해야 하는 건지 엉킨 실타래처럼 내 머릿속이 많은 생각들로 뒤엉켜 있었다. 당시 다른 부서로 흡수되어 일해 보길 권하는 부장님의 제안도 있었기에 이대로 퇴사를 할지 말지 나조차도 갈팡질팡 모든 것이 명확한 것은 아무것도 없었다. 나는 새로운 날개를 펴고 날아오를 준비를 하기로 했다. 내게 자유를 선물 한 단 몇 개월이라도 내가 그동안 하고 싶었던 일을 맘껏 누리고 싶었다. 지금은 그 선택을 참 잘 했다 싶다. 그 선택으로 꾸준히 필사하며 작가란 꿈이 생겼기 때문이다. 그리고 맘껏 시간에 쫓기지 않고 내가 원할 때 책을 읽고, 서평도 남기며 하루하루 소소한 행복을 찾아가는 재미가 내 마음을 풍성하게 채워주었다. 그리고 블로그 활동을 시작했다. 서툴지만 차근차근 새로운 무엇인가를 시도한다는 것은 내가 살아 숨 쉬고 있다는 것을 증명해주는 것 같아 이 모든 시간이 감사했다. 모든 것이 나를 필사를 지속하도록 격려를 해주는 것만 같았다. 필사하고 필사후 적는 필사 감상 글은 내 글쓰기의 기초단계가 되고 글감이 되는 기적을 보여준다. 한 달에 두 번 일요일 아침 온라인 미팅 때마다 피드백을 아끼지 않은 N 작가의 격려가 대단히 큰 힘이 되어

줬다.

필사는 나를 선한 영향력의 소유자가 되길 원했다. 필사로 제2의 커리어를 살게 된 놀라운 기적을 보면서 나처럼 평범한 사람도 책 쓰기가 가능하다는 걸 말해주고 싶었다. 그저 평범했던 두 딸의 엄마이자, 아내, 그리고 간호사였던 내가 글 쓰는 작가의 삶을 살게 되기까지의 과정에 있어서 필사가 어떤 기적을 가져왔는지 널리 알려 많은 이들이 필사를 시작할 계기를 만들어 주고 싶다. 나와 비슷한 귀로에 놓인 독자가 있다면 걱정하지 마라. 인생은 끝난 게 아니라, 이제부터 시작이니까. 신은 항상 우리를 위해 고난의 선물을 주지만 그 선물 안에 감춰진 보물은 엄청난 힘을 지니고 있다. 인생, 걱정하지 마라! 더 좋은 게 지금 오고 있다! 나 자신과 나의 삶을 바꿔줄 강력한 힘이 바로 필사에 있다.

Part 3

삶을 바꾸는 필사법

필사의 목적을 명확히 해라

목적은 하나의 북극성과 같은 역할을 한다. 내가 나아가야 할 방향이며, 내가 무엇을 원하는가, 에 대한 답이 놓여있는 좌표와 같다. 목적이 뚜렷한 필사는 성장을 가리키지만, 취미로 하는 필사는 추진력을 잃고 말 가능성이 크다. 타이핑 필사를 시작하기 전에 손 필사는 '마음 근육 키우기'에 의미를 두기 급급했다. 심신이 많이 지쳐있었던 시기라 필사를 하며 마음의 안정을 얻고자 무턱대고 시작한 필사가 아니었나 싶다. 무엇을 이루겠다는 확고한 결심 없이 마음 하나 다스리는 용도로 필사를 선택했다. 그러나 타이핑 필사는 달랐다. 매일 한 꼭지 타이핑 필사를 하다 보니 자연스럽게 확고한 목적이 생기기 시작했다. 나는 현재 내 글쓰기!, 책 쓰기!, 작가 되기! 라는 명확하고 분명한 목적 있는 필사를 하고 있다. 남들이 좋다고 해서 시작한 취미에 가까운 필사는 쓰면서도 '내가 이것을 왜 하는 거지?' 하는 회의감이 들기도 했다. 흐리멍덩하고 불분명한 필사는 육체적 피로감을 가중시킬 뿐이었다. 필사하면서도 눈에 띄게 삶이 변하지 않는다는 느낌이 들 때면 필사를 계속하는 게 맞는지 물어야 했고, 필사를 지속해야 할 이유를 끊임없이 찾아야 했다. 시간 낭비만 하는 것은 아닌지 의심이 들 때마다 그것만큼 우울해지는 것도 없었다. 뚜렷한 목적은 포기하지 않고 목적지에 안전하게 도착할 수 있는 힘을 가지고 있다. 목적이 분명한 필사를 시작한 후로 나에게도 삶의 변화가 찾아왔다. 필사에 관심이 있는 사람이라면 시작하기 전 필사의 목적이 무엇인지 진지하게 자신에게 물어볼 필요가 있다. 바람 앞의 등불과 같은 상황에서도 흔들림 없는 명확한 목적을 가진 필사라면 당신도 충분히 원하는 목적지에 무사히 안착하게 될 것이라 자부한다.

'여우와 신포도'라는 우화에서 여우는 아무리 발버둥 쳐도 딸 수 없는 포도를 보고 '저 포도는 너무 시어서 맛이 없을 거야.'라는 핑곗거리를 대며 돌아섰다. 반면 '나는 저 포도를 기필코 따 먹을 거야.'라는 확실한 목표가 생기면 쉽게 포기를 했을까? 아마도 포도를 쟁취하기 위해 온갖 방법을 다 사용할 것이다. 자기 합리화를 하기 시작하면 순간의 마음은 편하지만 계속 미련이 남는다. 미련이 남지 않고 기필코 해낼 수밖에 없는 필사의 목적을 가슴에 품어라! 그리고 그 목적에 충분히 설레어라! 나를 설레게 하는 명확한 목적은 남 탓이나 핑곗거리를 찾지 않는다. 필사할 때는 그 목적을 분명히 하고 필사적으로 필사하라!

내게도 필사를 해야만 하는 생생하면서도 명확한 목적이 생겼다.

필사로 내 글쓰기!
내 글쓰기로 인생 첫 책 쓰기!
책 쓰고 선한 영향력을 주는 작가의 삶 살기!

목적이 생긴 후 시간을 내어서라도 필사를 하게 된다. 시간이 없어서, 피곤해서란 핑계는 나에게 사치와 같다. 필사에 가속도가 붙기 시작했다. 잠들기 전 하던 필사를 새벽 시간, 한가한 낮등 시간에 구속받지 않고 내 의지로 쉽게 접하는 필사가 되었다. 글쓰기의 영감이 필요할 때 남의 글이라도 한 꼭지 옮겨 적다 보면 글 쓰는 감각이 살포시 깨어나기도 한다. 나의 경우 필사의 흐름을 타고 내 글쓰기를 시작할 때 글쓰기가 훨씬 수월함을 느꼈다. 이제는 필사를 안 하면 내 꿈에서 멀어지는 듯한 불안감이 스멀스멀 올라와 필사할 수밖에 없다. 필사에 중독된 것은 아닌지 나 자신조차 의심스러울 정도다. 그러나 이토록 아름다운 중독이라면 얼마든지 나는 환영한다. 일정 시간을 필사에 할애하라. 내가 필사를 통해 얻고자 하는 일이 삶 속에 깊숙이 뿌리를 내린다. 필사의 목적이 분명해지는 것을 느낄 것이다. '나'란 오직 한 사람, 내 인생의 진정한 주인공으로 만드는 힘은 그 목적에 있다. 목적이 명확해지면 목적 달성을 위해서 내가 무엇을 어떻게 해야 할지 스스로 터득하게 된다. 필사로 어떤 삶을 영위하고 싶은지 고민하고 집중하는 시간이 나에게도 어김없이 찾아왔다. 한 가지 일을 꾸준히 해야 할 때 반드시 그 목적을 분명히 짚고 넘어가야 한다. 그 목적을 찾지 못한다면 원하는 미래는 영영 오지 않을지도 모른다. 필사는 내가 맞이하고 싶은 미래를 내 인생에 적극적으로 끌어당기는 힘을 지니고 있다. 나의 세상에서 주인공은 나다. 목적을 가진 필사는 그 분야에서 '탁월한 사람'이 되게 만든다. 어려운 일이 찾아와도 '해낼 힘' 즉 끈기와 용기를 주며 끝까지 최선을 다하게 도와준다. 그 힘이 목적에 있다는 것을 명심해야 한다.

목적이 명확한 필사는 앞으로 내가 가야 할 방향을 알려준다.

개인 저서를 쓰기로 하고 기획과정에 들어가기 전 N 작가는 '예비작가 프로필' 작성이라는 파일 하나를 보내 주었다. 파일을 열어보니 인적사항부터 나의 스토리, 앞으로 쓰고 싶은 책의 주제 등등 여러 가지 빈칸이 보였다. '앞으로 내가 쓰고 싶은 주제, 콘셉트'란 항목에 시선이 꽂혔다. 앞으로 어떤 주제로 책을 쓰고 싶은지 잠시 고민했다. 필사를 하는 목적이 분명하지 않으면 대답하기 힘든 공백란이라 생각한다. 이미 나는 필사를 해야만 하는 명확한 이유를 찾았기에 생각보다 쉽게 빈칸을 채웠다. 필사하는 목적이 뚜렷하면 내가 쓰고 싶은 책의 주제도 다양해지고 구체화 되기 시작한다. 필사의 첫 시작은 '글 쓰는 방법을 배우는 것'이었다. 필사를 하는 동안 '책을 쓰며 선한 영향력을 주는 작가의 삶 살기'로 그 목적 또한 점점 거시적 관점으로 변해갔다. 쓰고 싶은 책의 주제 또한 필사, 글쓰기, 책 쓰기, 독서법 등의 영역으로까지 확장되었다. 내가 무엇을 위해 필사를 하는지, 필사해야만 하는 이유를 찾게 된다면 목적은 그 모습을 드러낸다. 그 목적이 누구를 위한 것인지 신중하게 자신을 들여다보는 시간을 갖는 것도 좋다. 진정한 목적에 한 걸음 다가가는 시간이 될 것이다. 답은 이미 내 안에 있다.명확한 목적에는 일상을 돌보는 힘이 있다. 목적이 이끄는 일상은 미래조차 좋은 곳에 머물도록 경로 수정토록 만든다. 당신은 필사에 대해 어떤 마음인가? 그 마음부터 살펴야 목적이 보인다. 필사로 무엇인가 이뤄내고자 하는 열망이 있다면 이미 나도 모르는 사이, 어떤 식으로든 필사가 내 삶에 들어와 있음을 알아차리게 된다. 무언의 암시처럼 나도 인식하지 못한 사이 필사를 하는 나를 발견하게 된다. 필사는 목적과 함께 움직여야 한다. 생각으로부터 시작해서 반드시 행동으로 끝을 맺는 필사여야 한다. 필사하면서 어떤 기분이 드는지, 필사를 지속하면서 내가 진짜 좋아하고 즐기는 것이 무엇이지, 이것으로 무엇을 해낼 수 있을지, 앞으로의 커리어와 미래에 어떤 영향을 미치게 될지 등등 끊임없이 나에게 질문하며 필사의 목적을 찾아가야 한다. 무턱대고 필사하지 마라. 목적지를 잃은 배는 바다 위를 표류할 수밖에 없다. 앞으로 필사를 어떻게 실행시켜 나가며 내 삶을 풍요롭게 가꿀지 고민해보자.

일상을 살피다 보면 내가 무엇을 해야 할지 보인다. 나의 선택지는 다양할 수 있는데 그 수 많은 선택지 중에서 목적에 맞는 선택을 하며 삶을 수정할 필요가 있다. 퇴근 후 TV를 볼 수도 있고, 인스타그램이나 유튜브에 집중할 수 있다. 어느 날은 친구나 동료를 만나 커피 한잔과 함께 한껏 수다를 떨며 잠시 걱정거리나 고민을 떨쳐버릴 수도 있다. 어느 것을 선택하든 선택은 본인 몫이다. 필사의 목적이 생긴 후 무심히 흘려보내는 시간마저 아까워지기 시작했다. 조금 더 필사하고 싶어졌고, 조금 더 내 글을 쓰는 재미와 즐거움으로 나의 시간을 꽉 채워가고 싶었다. 필사하는 목적이 명확하면 이렇게 수많은 선택지 중에서 나의 목적에 부합하는 좋은 선택을 하게 된다. 하루 일상은 수많은 선택지의 연장선이다. 목적을 알면 수많은 선택지에도 흔들림이 없다. 목적에 어긋나는 것을 잘라내는 힘이 생기기 때문이다. 목적이 있으면 게으름을 피우고 싶어도 그러한 삿된 마음에 나를 허락하지 않게 된다. 순간의 감정에 휘둘려 끌려가는 삶을 멀리하게 된다.

  필사의 목적을 분명히 인지하고 필사를 즐겨야 한다. 즐기다 보면 목적에 부합하는 미래로 향하는 길이 밝아진다. 새벽이 어둠을 거둬 가면 눈부시고 밝은 아침이 열리듯 목적이 뚜렷할수록 그 목적으로 가는 길이 밝아져 오는 것을 느낀다. 필사를 즐기면서 목적 있는 삶을 살아보길 바란다. 나는 어떻게 하면 내가 하는 필사를 많은 사람에게 알리고 접할 수 있게 도와줄 수 있을까 고민을 한다. 그 고민의 결과가 이 책을 쓰게 했다. 필사하는 목적을 밝혀라. 목적을 알면 꿈을 이루는데 필요한 간절함의 힘이 탄력을 받는다. 강한 간절함이 꿈으로 가는 모든 길을 최대한 열어 줄 것이다. 목적에도 나의 소망과 열망이 담겨야 순풍의 힘으로 목적지에 도착할 수 있다. 그리고 명확한 목적으로 가는 그 과정에서 배우게 되는 경험의 소중함 또한 알게 될 것이다.

목적이 분명해지면 필사하기 늦은 때란 없다. 나이도 상황도 다 자기 합리화다. 나는 오히려 '실업자'가 되는 날부터가 가장 필사하기 좋은 때였고, 나의 '글쓰기 적기'를 만났다. '이 상황이 나아지면 그때 시작해야지.' 하는 마음의 핑계를 멀리하라. 필사하기 좋은 때는 지금이라는 걸 기억해야 한다. 나는 필사를 하면서 글쓰기에 관한 책을 그 어느 때보다 더 많이 탐독할 수 있었다. 막연한 바람 상태에서는 책 읽기도 필사도 방황한다. 목적이 명확하지 않으면 배가 산으로 간다. 확실한 목적이 있어야 목표가 움직이길 힘을 얻는다. 목적과 목표를 헷갈리지 말자. 목표를 이끄는 힘이 목적이다. 미래의 목적이 현재 내가 해야 할 일의 우선순위를 결정한다.

나는 '책을 쓰며 선한 영향력을 주는 작가의 삶'을 살기 위해 오늘도 1꼭지 필사를 꾸준히 실천하고 내 글쓰기를 멈추지 않는다. 나의 필사 목적을 바로 알고 내가 필사를 통해서 무엇을 배울 건지, 이것을 어떻게 나에게 적용해 나갈지 고민하고 또 고민하며 필사의 목적을 더 선명하고 명확히 하라! 그 목적이 지금 내가 나아가야 할 방향임을 명심하자. 목표를 위한 삶을 살지 말고 목적이 있는 삶을 살아라.

베셀책은 필사하지 마라

당신은 어떤 책으로 필사를 하는가? 필사하는 이들을 보면 보통 유명작가의 책을 필사하고 있는 경우를 많이 본다. 하지만 당신이 글을 쓰고 싶은 열망이 있거나 아직 초보 작가라면? 이때부터는 말이 달라진다. 필사하며 마음 다스리기를 위한 것이라면 조금은 양보할 만한 일이지만 내 글을 쓰고 싶은 꿈을 가진 이들에게는 자신에 맞는 책을 선택해야 한다. 내가 처음 〈책성원〉에 들어왔을 때 N 작가는 필사할 책으로 《내 인생 첫 책 쓰기 비법은 필사이다》를 추천해주었다. 당시 나는 긴 글 쓰는 법을 알고 싶었던 것이지 책까지 출간하게 되리라고는 꿈에도 생각지 못했다.

그것도 필사에 관한 공저 책 쓰기가 도화선이 되어 개인 저서 출간까지 이어질 거라고는 더더욱 말이다. 가벼운 마음으로 내 글을 쓰는 방법만 알게 된다면 2~3년 뒤에나 책을 쓸 수 있을 거라 어림짐작하고 시작한 일이다. 그저 자판으로 치는 필사라기에 내가 좋아하는 작가의 책을 이 기회에 통필사라도 하자 싶었다. 하지만 보기 좋게 잠깐 설렜던 기대감도 와장창 깨진 유리 파편이 되어 흩어졌다. 내가 좋아하는 작가의 책을 필사할 수 없다니! 안타까웠다. 처음에는 본인이 쓴 책을 권해주는 것에 대한 의문이 생겼지만, 그 이유는 묻지 않아도 차후 필사를 하면서 저절로 알게 되었다. 내가 책 좀 읽는다고 내 글 쓰는 수준이 그와 같지 않다는 것을 간과한 것이다. 한 번도 글을 써보지 않은 초보에게도 거쳐야 할 단계란 것이 있는 법이다.

뭐든 첫술에 배부를 수는 없다. 그간의 읽은 책이 나에게 글을 쓰는 데 도움은 줄 수 있을지 몰라도 처음부터 필력이 갖춰진 좋은 글을 쓸 수 있을 거란 자만심은 도대체 어디에서 나온단 말인가. 아마 처음부터 내가 기성작가의 베스트 셀러나 고전을 필사했다면 지금 글을 쓸 생각도 하지 못했을 것이다. 신의 경지에 가까운 작가의 글을 필사하며 무슨 생각을 할 수 있을까? '나는 죽었다 깨어나도 이 정도 수준의 글은 못 써!'하고 매일 매일 작아지는 나를 만나며 내 글쓰기의 꿈도 서서히 꺼져가는 불꽃에 지나지 않았을 게 뻔하다. 책을 읽는 수준과 글을 쓰는 능력 사이에는 엄청난 구멍이 존재한다. 그 구멍을 채워가기 위해서는 나에게 적합한 책을 선택한 후 꾸준히 필사하며 글쓰기 실력을 높여야 한다.

　내가 책을 써보고 싶다는 생각에 발동이 걸리기 시작한 것은 순전히 단 하나였다. 나의 글쓰기 수준에 맞는 쉬운 책을 필사했기 때문이다. 한 번도 가보지 않은 필사의 긴 여정을 이미 지나온 작가들의 글 길을 따라가며 내가 체득한 것 외에 다른 부분들을 느끼고 배우게 된다. '아, 이 작가는 필사를 통해 이러한 부분을 배웠구나.', '그래 필사는 이런 영향을 주기도 하지.' 등 내가 보지 못한 것들을 발견하게 되는 재미도 쏠쏠하다. 그래서일까? 필사하면서 글쓰기가 만만해지기 시작했다. 이 정도면 나도 쓰지 않을까? 하는 원인 모를 자신감 같은 것이 불쑥불쑥 고개를 내밀기 시작했다. 어떤 일을 하는 것에 있어 자신감이 붙어야 시작하는 데 어려움이 없다. 두려움을 안고 출발선에 서는 순간 끝까지 완주하지 못한다. 글쓰기에 두려움이 없어야 한 문장이라도 쓰기 시작한다. 그 두려움을 빨리 떨쳐내는 방법은 내가 어려움 없이 쉽게 받아들이고 흡수할 수 있는 책을 선택하고 필사를 하는 것이 좋다. 나의 기를 살리고 죽이고는 내가 선택한 책에 달려 있다.

저자의 글이 이해하기 어렵거나 생각의 깊이를 요하는 책은 필사의 지속성을 어렵게 만들 수 있다. 또한, 필사하는 이유에 부합하지 않은 주제의 글은 글쓰기의 목적을 흐릴 수 있어 방향을 잃기 쉽다. 내가 쓰려고 하는 글의 주제와 비슷한 분야의 책으로 필사하면 내 글쓰기에 훨씬 도움이 된다. 그러므로 나의 사기를 떨어뜨리는 책보다 글쓰기의 자신감을 높여 줄 수 있는 책으로 필사하기를 권한다. 내가 자판으로 필사하고 있는 책은 모두 〈책성원〉에서 필사를 하며 책을 출간하신 작가들의 책이다. 그래서 더 공감이 가고 더 빨리 책 쓰기에 도전할 수 있었다. 내가 경험해 보지 않은 길을 먼저 간 스승의 길을 따라가는 법은 그들의 책을 필사하며 오감으로 느끼고 배우고자 하는 행위의 선행에 있다.

N 작가는 말한다. 첫 책을 쓰려는 사람은 다른 작가의 인생 첫 책으로 필사를 해야 좀 더 쉽게 그 작가처럼 인생 첫 책을 쓸 수 있다고 말이다. 처음부터 N 작가는 이러한 의도로 처음 타이핑 필사를 시작하는 나에게 본인의 책을 권한 것이다. 나의 모든 상황을 고려한 책. 내가 이해하기 쉬우면서 필사의 필요성도 느끼게 하는 책. 내 글쓰기에 도움이 되는 책이 바로 스승이 쓴 책이다. 스승의 책만큼 훌륭한 본보기도 없다. 필사하면서 자연스레 그 이유를 깨달을 수 있었다. 스승은 긴말하지 않았다. 단지 스스로 깨우칠 시간을 준 것이다. 공자는 '들은 것은 잊어버리고, 본

것은 기억하고, 직접 해본 것은 이해한다.'라고 말했다. 내가 직접 해보니 스승의 참뜻을 이해할 수 있었다.

필사하며 배우고 느끼는 모든 과정이 담긴 책들이 내 글쓰기에 용기와 공감을 준다. 필사에 관한 책을 찾아봤지만, 나처럼 초보 작가들이 필사하며 자연스럽게 적어 내려간 책은 찾기 힘들었다. 필사에 관한 책을 낸 이들은 필사의 좋은 점과 필사의 방법들을 전하지만 그 내용 안에는 어려운 어휘들이 적혀있고, 내가 필사를 해야 하는 이유에 대한 절실함을 찾기는 힘들었다. 참고도서는 될지라도 내게 필요한 실용지침서는 되지 못했다. 내 글쓰기도 가능하게 하는 필사법과 내가 공감이 가고 이해하기 쉬운 필사책 선택이 중요하다. 이러한 책을 선택해야 빠르게 필사에 몰입한다. 그러한 몰입이 내 글을 쓰게 하는 힘을 준다. 나는 새벽에 일어나 책을 읽으며 내 인생 책 중 하나인 앙투안 드 생텍쥐페리의 《어린 왕자》를 손으로 필사한 적이 있다. 매일 일정 부분을 필사를 해나가며 내가 간직하고픈 문장들에 다시 감동을 받고 위로를 받았다. 그러나 이 책 한 권을 필사하면서도 '나도 이 정도면 글을 쓸 수 있겠다'라는 생각을 단 한 번도 든 적이 없다. 고전이 주는 위압감과 유명작가의 현란한 글솜씨에 풀이 죽어 감히 글을 쓸 수 있겠다는 어떠한 생각의 틈도 허락지 않았다.

내가 글을 쓸 수 있게 용기와 공감을 주는 책을 필사할 책으로 선택해라. 그래야 내 글에도 생명의 숨결을 불어넣어 줄 수 있다. 유명한 작가의 책이 아니라 나와 비슷한 이들이 들려주는 인생 첫 책이 나도 일으키고 그들을 일으키게 하는 힘이 된다. 화려하지 않은 문체로 나보다 좋은 글을 써낸 이들의 인생 첫 책이 내가 필사할 가장 좋은 책이라는 것을 깨달은 후로는 필사가 즐거워졌다. 어렵거나 지루하지 않다. 당신이 필사하는 이유를 잘 생각해 보길 바란다. 그리고 그 목적에 맞는 쉬운 책으로 필사를 시작하라. 그렇게 필사를 하다 보면 '나도 글 쓰는 작가가 될 수 있을 것 같다.'란 생각이 절로 들게 될 것이다.

무겁고 어려운 책으로 필사를 하면 나의 좋은 기운마저 빼앗아 간다. 필사하다 보면 가끔 찾아오는 부정적인 나를 발견할 수 있다. 그때 나에게 필사가 위로되어주고 힘이 되어 주어야 하는데 오히려 무겁고 어려운 책이 짐이 되어 나를 더 힘들게 하고 스트레스가 된다면 필사를 할 이유가 없지 않은가? 나는 새벽에 일어나 좋은 책을 읽고 일정 부분만 필사하며 문장이 주는 울림에 반응하고 배운다. 그리고 그 울림을 가지고 자기 전 타이핑 필사를 하며 하루의 무거웠던 마음을 위로받는다. 이렇게 언제 어느 때 하더라도 부담이 되지 않는 필사를 해야 한다.

처음부터 어린아이가 걷기 시작한 것은 아니지 않은가? 누워만 있던 아기가 어느 날 갑자기 뒤집기를 하고, 배밀이하고, 또 어느 날은 잡고, 서고, 걷고, 넘어지고 다시 일어서는 수많은 과정을 하나하나 거쳐서 뛰기까지 할 수 있는 것이다. 누워있던 아이가 갑자기 뛸 수 있는 것이 아니다. 다리에 힘이 생기게 하는 모든 숨은 과정이 뛰게 한 것이다. 과정이 생략된 결과는 없다. 내가 아무리 수준 높은 책을 읽는다 하더라도 나의 글쓰기 수준은 아직 걸음마도 못 뗀 아이와 같다는 것을 명심하자. 내게 공감이 되는 쉬운 책부터 필사하면서 한 걸음 한 걸음 걷는 연습을 해야 한다. 쉬운 책이라고 가벼이 보면 안 된다. 다른 유명한 작가의 책보다 나에게 좀 더 와 닿기 쉬우면서 몰입해서 필사하기 쉬운 책이 내 글쓰기에 도움이 된다는 말을 꼭 전하고 싶었다. 나는 어쩌면 나의 글쓰기 실력이 아직 뒤집기도 못한 신생아일 수도 있다는 것을 늘 의심하며 필사를 한다. 그러면 내가 필사하는 책의 소중함이 감사함으로 전해져 온다. 내가 이 책으로 필사를 할 수 있게 해준 작가들에게 감사하는 삶을 살게 된다. 이것이 내 글을 쓰고 필사를 지속하게 하는 힘이다.

성장을 방해하는 필사책이 있다

필사를 하더라도 전략적으로 책을 선택해야 한다. 전략적이고 부담이 없는 필사를 해야 지금보다 더 나은 나에게 가까이 갈 수 있다. 필사한다는 것은 필사할 책을 선택하고, 그 책에 담긴 작가의 생각들을 따라 적어가는 과정이다. 나는 앞서 내 글을 쓰기에 관심이 있는 사람이나 책을 쓰는 초보 작가의 경우 필사를 시작하기 전 필사할 책을 선택할 때 강조한 것이 있었다. 유명작가가 쓴 베스트 셀러나 단번에 이해하기 어려운 어휘들이 가득한 고전은 아직 글을 써 본 적이 없는 사람에게는 한 번쯤 심사숙고해봐야 한다. 유명하지 않지만 짜임새가 잘 갖춰있고, 내가 이해하기 쉬운 어휘로 적혀있어 공감할 수 있는 책이 필사를 오래 지속할 수 있게 한다. 작가의 인생 첫 책으로 필사한다면 더할 나위 없이 좋은 선택이 될 수 있다. 부담 없이 언제 어디서든 필사를 하는 재미를 느끼게 하는 책이 결국은 나를 성장하게 한다. 필사책에도 나를 성장하게 만드는 책이 있고 그와 반대로 나의 성장을 방해하는 책이 있다. 필사에 관심이 있는 사람은 결국은 내 글쓰기에도 관심이 있다고 봐도 무방하다. 그렇다면 당신은 나를 성장하게 하는 책으로 필사를 할 것인가, 아니면 성장을 방해하는 책으로 필사를 할 것인가?

  필사를 할 때 책 선택은 매우 중요하다. 목적에 맞는 책 선택이 필사하는데 추진력이 될 수 있다. 나의 운명에 날개를 달아 줄 첫 단추를 잘 끼워야 마지막 단추도 어긋남이 없이 잘 꿸 수 있다. 잘못 끼운 첫 단추는 모든 것이 틀어지는 비극을 맞는다. 시작과 과정이 잘못되었는데 어찌 결과가 좋기만을 바랄 수 있을까? 잘못 채워진 단추를 바로잡는 방법은 다시 단추를 풀고 처음부터 첫 단추를 다시 끼우는 것이다. 나를 성장하게 하는 독서와 필사로 나의 미래에 투자해야 한다. 질적으로 탁월한 선택을 당신은 하고 있는지 의심해보길 바란다. 다이어트를 해도 잘 계획된 식단과 체계적인 운동프로그램을 병행해야 몸무게도 서서히 줄고, 근육도 붙는다. 필사도 마찬가지이다. 잘 선택한 책 한 권과 꾸준한 필사가 만나서 내 글도 쓰고, 책도 출간하게 되는 진정한 성장을 만날 수 있음을 기억하자.

　나는 글 쓰는 방법을 배우기 위해 〈책성원〉에 합류하기로 결심했다. 이렇게 체계적으로 필사와 내 글쓰기, 책 쓰기를 하는 온라인 모임인 줄 꿈에도 모른 채 발을 담근 것이다. 당시 내가 N 작가가 권해주는 책이 아닌 내가 필사하고 싶었던 책 니코스 카잔차키스의 《그리스인 조르바》로 필사를 했다면 어떤 결과가 벌어졌을까? 어려운 어휘들 속에서 여러 번 곱씹어야 겨우 이해되는 문장들과 씨름하며 필사를 하고 있었을 것이다. 그저 작가의 필력에 감탄하며 나의 글쓰기는 생각도 못 했을 것이다. 또한, 필사를 이어갈 수 있었을지조차 의구심이 든다. 지금 생각해보니 나의 필사의 의도를 벗어난 주제의 책으로 필사를 할 생각을 했다는 것 자체가 어리석고 부끄러운 일처럼 느껴진다. 개인적으로 책에도 나의 성장을 돕는 책이 있다고 생각한다. 나의 성장에 도움이 되는 책은 바로 '나를 살리는 책'이다. 유명작가가 쓴 베스트 셀러 책이나 유명 고전이 성장을 방해한다는 것이 아니다. 이러한 책은 내가 충분히 내 글쓰기의 필력이 늘었을 때 해도 늦지 않다. 내 글을 쓰기 위해서는 내 기를 살려주면서 쉽게 필사를 하게 만들고 내 글쓰기에도 속도가 붙게 하는 책이어야 한다. 나는 손 필사와 타이핑 필사를 한다. 지금은 유명작가의 책이나 조금 두껍고 내용이 무거운 책은 집중이 잘 되는 새벽에 부분필사를 한다. 책을 읽으면서 인상적인 부분을 표시해두고 일정시간 그 부분들을 손으로 따라 적는다. 부분필사를 하며 그 나름대로 아이디어를 얻기도 하고, 짧든 길든 내 글을 쓰면서 생각을 정리하기 좋은 점이 있다. 반면 1꼭지 통필사를 해야 하는 타이핑 필사는 잠들기 전 부담되지 않으면서 어렵지 않고 가벼운 마음으로 필사하게 하는 책으로 필사를 한다. 현재 나는 두 가지 책을 매일 번갈아 가면서 필사를 하는데, 〈책성원〉의 6명의 작가들이 힘을 합쳐 출간한 공저 책인 《내가 글을 쓰는 이유》와 나애정 작가의《인생을 바꾸는 글쓰기의 마법》이란 책을 하루 1꼭지씩 타이핑 필사하고 있다. 나의 현재 상황과 나의 주제와 관련된 책으로 필사를 이어가고 있다. 나의 주제와 나의 현재 상황이 충분히 공감되는 책으로 필사를 하니까 글의 구조도 빨리 파악하면서 작가의 의도도 쉽게 파악하면서 필사를 하게 된다. 내 글쓰기를 부르는 책은 나의 주제와 맞는 책이다. 이러한 책이 나를 성장하게 하는 데 힘이 되는 책이라 생각한다.

　나의 경우 글 쓰는 방법을 배우자 했고, 필사하면서 그 방법을 찾는 데 중점을 두었다. 나의 주요 키워드는 '필사, 책, 글'이다. 나의 현재 상황을 잘 나타내는 핵심단어를 벗어난 주제의 책을 필사한다고 생각해보자. 나는 아마도 나와는 직접적인 주제와 상관없는 단어들과 문장들을 매일 만나며 나를 기죽이는 필사를 하고 있었을 것이다. 아무리 좋은 명문장도 내 그릇에 담겨야 비로소 내 것이 된다. 내 글로 풀어내지 못하는 글들을 매일 따라 써봐도 내 글쓰기로 연결되지 못한다면 그것은 단순히 타자치는 행위요, 읽고 쓰는 동작에 그치고 만다. N 작가가 권해준 《내 인생 첫 책 쓰기 비법은 필사이다》란 책으로 필사를 하면서 매일 매일 성장하는 나를 발견할 수 있었다. 나를 조금 낮추고 눈높이를 낮추면 진짜 내가 보이기 시작한다. 자기가 쓴 글을 냉정하게 볼 수 있는 '진짜 나'를 만난다. 다시 강조하지만, 유명작가의 책이 아니라고 낮춰보면 안 된다. 나를 키워낸 꿀팁은 나보다 조금 더 앞서가서 계속 필사를 하고 책을 쓰고 있는 작가들의 글 속에 있었기 때문이다. 글을 쓰고 싶어 하는 나의 바람처럼 이들 작가들도 나처럼 평범하면서 비슷한 마음으로 필사를 시작하고 글을 썼다. 글에는 그 사람의 본래의 마음이 드러나 있다. 감추고 싶어도 감춰지지 않는 것이 글이다. 글에도 작가의 마음이 숨어 있다.

  나는 비슷한 주제로 자신의 직·간접경험들을 정직하게 써 내려간 글을 필사하며 나의 기를 살려주는 필사를 했다. 〈책성원〉에서 필사하며 한 달에 두 번 책을 쓴 작가들을 줌미팅으로 만난다. 실시간으로 한 공간에 모여 필사와 글쓰기를 하며 겪고 있는 어려움을 함께 공유한다. 새로운 세계의 경험은 모든 것이 불안하고 불확실하다. '이렇게 하는 게 맞나.' 싶다. 제대로 가고 있는지 그 누군가에게 묻고 싶다. 줌모임을 통해 남몰래 하던 고민을 풀어놓고 먼저 경험한 선배작가로부터 조언을 구하며 정보도 얻는다. 서로에게 정신적 지주가 되어 준다. 책을 쓴 작가와 오랫동안 얼굴을 보며 정기적으로 만남을 이어갈 수 있는 경험을 한다는 것은 더 깊이 책을 이해하는 일에 가까워진다. 유명작가의 책을 아무리 읽어도 그 책을 쓴 작가와의 만남을 정기적으로 이어가기란 쉽지 않다. 글을 쓴 작가의 생각과 일상의 일들을 공유하며 이야기 나누기는 더더욱 어렵다.

하지만 〈책성원〉에서는 모두가 작가이고, 함께 필사하며 책을 출간한 실제 작가와 예비작가들이 벽을 허물고 교류한다. 이러한 교류가 필사하는데 더 박차를 가한다. 내가 필사하고 있는 책이 나의 상황을 반영하면서, 언제든지 그 책을 쓴 작가들과 소통한다는 것은 그 책을 가지고 필사를 하는 보람을 몇 배로 가중시킨다. '저 작가는 벌써 공저를 쓰고 개인 저서까지 쓰고 있네? 나도 꾸준히 필사하면 가능하겠지?' 하는 마음이 든다. 나를 성장하게 하는 책이 따로 있는 것이 아니다. 조금씩 성장해 나가는 모습을 보여주는 작가가 쓴 책이 나를 성장시키는 책이다. 이러한 작가들의 초기 작품은 솔직하고 꾸밈이 없다. 조금 서툴러도 정직하다. 그렇기 때문에 글의 구조 파악이 더 쉽다. '이 작가는 서론에서 간접사례를 가져와 썼네.', '나도 이런 비슷한 사례가 있는데 나도 글을 쓸 때 이런 식으로 적용해 글을 써봐야겠군.' 하고 나만의 글의 뼈대를 만들어 가게 된다. 때 묻지 않은 글들이기에 감정에도 솔직하다. '나만 느끼는 게 아니었어.', '다들 나처럼 이러한 과정을 겪으며 필사하고 글을 쓰게 되었구나.' 하며 필사의 고비를 이겨낸다. 작가의 경험과 생각을 진솔하게 써 내려 간 글들을 정성껏 담아낸 책이 나를 작가로 빠르게 성장시킨 귀중한 책이 되었다.

이 글을 읽고 있는 당신은 필사에 관심이 있는가? 또는 글을 쓰고 싶은 생각이 드는가? 글을 쓰고 싶은데 어떻게 써야 할지 방법을 찾고자 하는가? 우물을 만들기 위해서는 물길이 있는 땅을 찾아 계속 흙을 파내는 작업이 필요하다. 물길이 없는 곳에 가서 계속 삽질을 해봐야 절대 우물을 만들 수 없다. 내가 가고자 하는 방향에 맞는 책이 나를 성장하게 한다. 아직도 나와 상관없는 주제의 책으로 필사를 이어간다면 하루빨리 방향키를 돌려야 한다. 책, 필사, 글에 관심이 있다면 이와 밀접한 관련이 있으면서 나와 다르지 않은 평범한 사람들이 정직하게 담아낸 책으로 필사를 시작해 보길 권한다.

유명작가의 책은 만인의 연인과 같다. 만인이 좋아하는 책이라 해서 다 나를 성장시키는 것이 아니다. 만인의 연인 같은 책은 틈틈이 꾸준히 읽으면서 즐기다 내 필력이 좋아졌을 때 필사를 해도 좋다. 내게 필요한 책을 필사해라. 유명작가가 아닌 나처럼 평범하지만 나보다 조금 더 성장하고 조금 더 잘 알려진 우리 삶에 가까이 있는 작가의 책이 찰떡궁합이다. 이러한 책이 내 곁에 찰싹 달라붙어서 나를 끊임없이 지지하고 성장하게 한다. 내 안의 숨은 잠재력을 마음껏 끄집어내게 한다. 눈높이를 낮추고 나를 숙이면 진짜 나를 위한 책이 무엇인지 발견하게 된다. 만인의 연인 같은 책보다 동네 친구 같은 책으로 필사를 해보자. 동네 친구가 성장을 거듭하면 어느 날 갑자기 만인의 연인과 같은 책의 유명작가가 되어있을 수 있다. 그전에 맘껏 소통하며 필사할 기회를 맘껏 누려보길 바란다. 훗날 나의 필사가 자랑스러울 날이 올지 모른다. '나는 이 작가의 초기 작품부터 필사한 사람이라고!!' 으쓱 되면서 말이다.

필사하고 감상글 적고
그 교집합은 내 글쓰기

이루고자 하는 일이 있다면 그 과정을 꼭 기록으로 남겨라. 내가 인스타그램을 하는 이유의 하나는 일상의 일부분을 기록하기 위한 의미도 포함된다. 너무 멀리 생각했을지 모르지만, 훗날 나의 딸들이 엄마가 그리울 때 나의 발자취를 거슬러 올라가 엄마란 존재를 좀 더 가까이 느껴보게 하기 위함이다. 나이가 들수록 늙어가는 친정엄마의 모습을 보면서 생각했다. 엄마도 언젠가는 이 세상을 떠나야 할 날이 분명히 올 텐데, 엄마가 그리울 때 나는 어디에 가서 엄마의 흔적을 찾아야 하지? 너무나 그리워지는 날이 올 텐데 하는 생각에 코끝이 시큰해지고 눈물이 눈 앞을 가린

적이 있다. 그때 나는 생각했다. 새벽 기상을 통해 책을 읽고 글로 남기는 모든 것은 내 삶의 역사가 된다! 이것은 나의 자녀에게 미처 말하지 못한 말들을 담고 있는 나만의 역사를 기록하는 일이다! 라며 기록의 중요성을 깨달았다.

타이핑 필사를 하면서 또 하나의 기록이 포함되었다. 필사하고 나면 필사 후 감상 글을 남긴다. 인스타그램에 적어도 좋고 개인 블로그에 남겨도 좋다. 미처 올리지 못해도 꾸준히 필사 후 감상 글을 적는다는 것은 대단히 의미 깊은 일이다. 당시의 내 생각과 느낌을 글로 남기는 행위는 나를 알아가는 과정이며, 내가 삶을 대하는 태도를 다시 점검하며 되돌아보는 계기가 된다. 또한, 그 과정을 통해서 앞으로 글을 쓰는 사람이 가져야 할 마음가짐 또한 중요하다는 것을 알게 한다. 필사와 필사 후 감상 글은 바늘 가는 데 실이 따라가는 것처럼 환상의 짝꿍이다. 필사한 후 글로 남기지 않는 것은 진정한 필사가 아니다. 필사 후 내 생각과 느낌을 글로 남겨 기록할 때 필사의 의미에 더 가까이 다가갈 수 있다. 크게 보면 일상의 한 부분을 기록하는 일이 '개인 필사에 관한 역사를 기록하는 일'이 된다. 필사한 후 글로 남기는 작업이 없다면 그것은 텅 빈 공간과 같음을 잊지 말자. 필사 후 감상 글쓰기로 텅 빈 공간에 내 글쓰기로 채워놓아야 한다, 결국은 필사 감상 글도 내 글을 쓰기 위한 연장선이기 때문이다.

초등학교 시절 방학 숙제로 '양파 기르기' 관찰 일지를 쓴 적이 있다. 투명한 맥주 컵에 물을 붓고 껍질을 벗긴 양파를 컵 위에 올려둔다. 설렘과 기대감을 가득 안고 매일 양파를 관찰하고 변화되는 과정을 그림으로도 그리고 글로도 남긴다. 처음 며칠은 변화가 없어 보인다. 양파가 자라지 못할까 봐 조마조마한 마음으로 '제발 씩씩하게 무럭무럭 자라라.'라 하며 양파에서 뚫어지라고 시선을 거두지 못했었다. 3일 정도 지나면 양파가 뿌리를 내리기 시작한다. 그리고 중간중간 물도 갈아준다. 좀 더 시간이 지나면 초록색 싹이 나기 시작한다. 관찰 일지를 기록하면서 어린 나이의 나는 양파의 성장 과정을 보며 생명의 신비에 대해 감동받고, 내가 키워낸 잘 자란 양파의 모습을 보며 한편으로는 뿌듯해했었다. 방학 동안 양파의 성장 과정을 날짜별로 써 내려간 글은 양파의 성장기록이자 나의 생각과 느낌이 담긴 기록이다. 한 달 전의 양파의 모습과 한 달 후의 양파의 모습이 다르듯이 기록을 하면 변화한 나의 모습을 알아차리기 쉽다.

필사 후 감상글 적기는 나의 글쓰기 성장 과정을 고스란히 담고 있다. 분명히 필사를 하기 전과 필사 30일 차, 60일 차, 100일 차를 거듭하며 나의 필사 과정에 많은 변화가 있었다. 필사 감상 글을 보면 채워져 가는 필사 일수만큼 내 생각의 그릇도 커지고 깊어졌다. 필사 감상 글이란 기록을 남겨 놓은 덕분에 나의 변화를 비교할 수 있게 된다. 남겨진 기록이 없으면 알 수 없는 것이다. 그저 필사했다는 인증사진만 있을 것이다. 사진만으로는 그때의 나만이 느낄 수 있는 감정, 생각들은 알 수 없다. 글로 남겨진 것이 없다면 내 기억 속에서 사라진다. 글로 남겨 놓아야 그 글을 읽고 그때의 순간을 떠올려 회상할 수 있다. 그렇게 나의 성장을 느끼고, 반성하는 계기가 되기도 한다. 필사에만 치중하지 말고 내 생각을 담은 글을 써라! 필사의 순간들을 기록으로 남겨 나만의 역사서에 저장시켜라.

필사와 필사 후 감상 글은 함께 할 때 시너지 효과를 준다. 필사를 한 후 감상 글 적기는 자유로워야 한다. 필사에 관한 내 생각과 느낌이어도 좋지만, 그날의 일상을 적은 글이어도 좋다. 결국은 그 모든 것이 나를 말하고, 내가 쓰는 글에 힘이 된다. 나는 필사를 한 후 인스타그램에도 남기지만 개인적인 글로도 남긴다. 타이핑 필사를 하다 보면 내 글을 쓰고 싶어지기 때문에 한글 워드 프로그램을 열고 연습 삼아 필사 감상 글로 글쓰기 연습을 했다. 그러다 보면 나도 모르는 사이 A4 1장을 넘기는 글을 쓰게 된다. 그것이 훗날 공저 책 쓰기에 도움이 될지 꿈에도 몰랐다. 그 덕분인지 공저 책 쓰기를 시작할 때 1꼭지 쓰기 시작이 생각보다 어렵지 않았다. 내 글쓰기의 노하우가 또 하나 생긴 셈이다.

필사와 필사 후 감상 글쓰기를 습관화하는 연습을 해야 한다. 결국, 내 글쓰기의 소중한 기록물이 된다. 그 기록들이 나의 글이 되게 하는 재료가 되고, 양념이 된다. 바로 글감의 저장소 역할을 한다. 글이 잘 쓰여 지지 않을 때 지나온 기록들을 보며 아이디어를 얻고 새로운 생각으로 확장된다. 필사 감상 글이 필사와 내 글쓰기의 중간 연결자 역할을 한다. 나는 〈책성원〉의 작가들이 필사 감상 글을 올릴 때면 꼼꼼히 읽는다. 나의 필사 감상 글이 아니라고 해서 지나치는 것은 좋은 글감과 아이디어를 놓치는 것이나 다름없다. 내가 보지 못한 것들을 다른 이들의 글에서 배울 수 있다. 또 다른 생각과 느낌을 받는다. 왜냐하면 저마다 필사하고 있는 책도 다르고, 환경도 다르기 때문에 당연히 나오는 글도 다르다. 필사와 필사 감상 글은 배우고 탐구하는 과정이다. 아무리 필사와 필사 후 감상 글쓰기가 좋다고 해봐야 직접 해보지 않고서는 그 이유를 알 수 없다. 여행도 많이 다녀본 자가 여행의 진면목에 더 가까이 다가가듯이 필사와 필사 후 감상 글쓰기의 묘미를 알려면 하루라도 빨리 필사를 시작하고 필사 후 감상 글쓰기도 해보면 된다.

필사를 하고 감상 글을 적는 일은 '생각 정리' 시간이 된다. 생각을 정리하며 써 내려 간 글은 '내가 이런 생각을 하는 사람이구나.' 하며 나를 돌아보게 한다. 이 과정은 스스로 답을 찾게 하고 글 쓰는 작가의 삶에 한 발짝 더 다가가는 데 도움이 된다. 나는 필사를 하고 필사 감상 글을 인스타그램에 올린 후 '좋아요'수가 늘어가고 응원의 댓글이 달릴 때마다 내 글에 대한 책임감과 겸손함에 무게가 실렸다. 누군가에게 공개적으로 내 글을 보여준다는 것이 두려웠다. 그래서 공개적으로 올리는 것을 꺼려 했었는데 조금씩 용기를 내어 실천하려고 노력 중이다. 한 글자, 한 문장을 적더라도 그 글에 대한 책임이 따라야 한다는 것을 알아가면서 내 글쓰기의 내공도 조금씩 쌓여가는 것 같다. 필사와 필사 후 감상 글쓰기는 반드시 함께 움직여야 하며 내 글쓰기의 두려움을 덜어 내는 수단이 된다.

공저 책을 쓰고 개인 저서를 쓰기 시작하면서 조금씩 두려워졌다. 처음에는 내 책이 세상에 나온다는 것에 기쁘고 설레었다. 하지만 글을 쓸수록 내 글이 누군가의 날카로운 심판의 칼날에 서야 할 때가 올 수밖에 없음을 느낄 때면 글쓰기가 망설여졌다. 하지만 필사 감상 글로 미리 많은 이들에게 보여줌으로써 그 사실을 조금씩 인정하고 받아들이게 되었다.

필사와 필사 감상 글쓰기 절대 따로 생각하지 마라. 필사하고 감상 글쓰기를 해서 반드시 나만의 필사 역사를 보여주는 기록물이 되게 하라. 필사 감상 글은 내 글을 세상에 알리는 초석이 된다. 또한, 내 글쓰기의 두려움을 떨쳐내는 수단이 된다. 내 생각과 마음이 담긴 감상 글이 내 글쓰기로 세상과 나를 이어주는 역할을 한다. 감상 글쓰기도 쓸수록 글쓰기 기술이 좋아진다. 감상 글쓰기 실력이 내 글쓰기 실력이 된다는 것을 기억하자. 필사는 눈으로 읽으면서 따라 쓰는 독서라고 말할 수 있다. 하지만 내 글을 써보는 연습 과정이 없다면 진짜 필사 독서가 아니다. 필사 감상 글로 내 생각과 느낌을 글로 써보는 과정을 꼭 실행에 옮겨보자. 이 과정이 있어야 내 글쓰기에 이어 책 쓰기도 쉬워진다.

이 모든 사실이 결국 필사와 감상 글쓰기의 교집합은 내 글쓰기였다는 것을 말해주고 있다. 지금이라도 늦지 않았다. 필사하라! 감상 글쓰기도 잊지 마라! 그리고 내 글을 써라! 세상은 당신의 글을 읽고 싶어 한다.

선독서 후필사

　예습은 공부를 하는 데 있어서 가장 기본적이면서 우선시 되어야 할 과정이다. 수업 시간에 미리 나갈 부분을 미리 살펴보고 수업을 듣는 것과 날 것 그 자체로 듣는 것 사이에는 엄청난 틈이 존재한다. 예습은 스스로 모르는 것을 알아가는 과정이기 때문에 모르는 것을 알게 되는 순간 오는 성취감과 자신감은 향상될 수밖에 없다. 이미 내가 배울 내용을 학습하고 가면 선생님이 하시는 말씀을 더 잘 이해하기 쉽고, 혼자 예습을 하면서 생겼던 의문점에 대해서도 쉽게 해결방안을 찾을 수 있다. 하지만 그 반대의 경우는 어떠할까? 개개인의 학습 능력의 차이는 있겠지만 처음

접하는 내용이 생소하기 때문에 선생님의 말씀이 다소 어렵게 느껴진다. 다시 자기 것으로 소화하기 위해서는 그만큼의 시간이 필요하다.

필사는 글쓰기를 위한 예습과정이다. 그렇기 때문에 내 글을 쓰기 전에 늘 필사를 하며 글쓰기 감각을 내 것으로 체화시켜야 하는 과정이 필요하다. 필사하다 보면 저절로 글쓰기에 필요한 세포 하나하나가 깨어나는 기분이 들 때가 있다. 그 느낌을 간직한 채 내 글을 쓰기 시작하면 나도 모르는 사이 한 문장 한 문장들이 모여 문단이 되고, 한 꼭지가 되는 놀라운 경험을 하게 된다. 필사는 글쓰기에 대한 자신감과 성취감을 키우는 강력한 도구임이 틀림없다.

처음 필사를 시작할 당시 타자 속도도 그렇게 빠르지 않았기 때문에 눈과 손, 마음 이 세 박자가 따로 놀아서 애를 먹었다. 눈은 책 속의 글에 머물러 있지만, 손은 움직여야 하니 마음만 바빴다. 책을 읽는 속도와 자판을 치는 속도가 다르니 여간 답답한 게 아니었다. 작가가 전달하고자 하는 내용이 무엇인지, 글의 형식 같은 것을 파악하기에는 역부족이었다. 이대로 타이핑 필사를 이어간다면 제풀에 꺾일 판이다. 그래서 나는 나름대로 필사 방법을 고민했다. 타자 치는 속도는 리듬을 타기 시작하니 크게 어려운 점은 없었지만 타이핑 필사를 통해 내가 배워야 할 것들을 어떻게 하면 더 잘 습득할 수 있을지가 문제였다. 내가 필사를 통해 무엇을 배워야 한다는 생각에서 내가 어떻게 필사를 할 것인가에 집중하기로 했다. 필사하는 방법의 질을 높이면 자연스레 필사하면서 배워야 하는 그 무엇은 쉽게 체득하게 될 것 같았다. 내가 필사를 좀 더 효과적으로 하기 위해 선택했던 방법은 두 가지로 나뉜다.

우선 필사할 분량을 미리 읽는 것을 선택했다. 미리 읽어본다는 것은 대단히 중요했다. 글의 전체적인 흐름을 간직한 채 필사를 이어가는 것은 한 권의 책을 가슴 안에 품고 있는 것과 같다. 한 꼭지 필사는 전체 내용의 어느 한 부분을 다루고 있기에 전체를 보지 못한다. 필사할 책을 선정 후 미리 읽고 필사를 하면 한 꼭지를 필사하면서도 전체를 같이 보게 되는 효과가 있다. 나무를 보지 말고 숲을 보라는 말이 있다. 흐름을 알고 필사를 하면 이 내용이 왜 이 부분에 들어와 있는지 알 수 있다. 그리고 작가가 왜 이 말을 하는지도 깨닫게 된다. '아, 그래서 이 이야기를 여기서 하는구나'하고 더 쉽게 이해하게 된다. 확실히 미리 읽고 필사를 했더니 굳이 내용을 파악하려 들지 않아도 물 흐르듯 읽고 써 내려간다.

필사하기 전에 필사할 책을 '미리 읽기'한다는 것은 나만의 필사 전 준비단계가 되었다. 이렇게 미리 읽기 후 필사를 하면 이미 읽었던 글들이기에 이해가 쉽고, 타자를 치면서도 여유가 있다. 책의 전체 흐름을 미리 알고 필사를 하기 때문에 문장의 구조, 문단의 구조, 한 꼭지 글의 형식들이 눈에 쉽게 들어오게 된다. 나의 경우 미리 읽어보지 않고 필사를 할 때는 다음에 이어질 내용 자체가 생소하기 때문에 타자를 치면서 내용도 파악하고 글의 형식도 익혀야 한다는 부담감을 스스로 안고 있었다. 어떻게 보면 필사를 하면 자연스레 감으로 익혀지는 것들임에도 마음이 그 틈을 허락하지 않았을지도 모르겠다. 하지만 나는 필사가 글쓰기의 예습과정이라면 책을 미리 읽는 것은 필사의 준비과정이라 말하고 싶다. 이 과정 덕분에 내가 필사의 효과를 톡톡히 보고 있다는 것을 스스로 제일 잘 느끼고 있기 때문이다.

그다음으로는 필사 후 나의 생각을 정리할 시간을 가져야 한다. 필사할 책을 미리 읽고 나서 필사를 하는 것으로 그치면 안 된다. 예습 다음에는 복습이 있다. 전체를 파악 후 매일 한 꼭지 필사를 하면 내 생각과 느낀 점이 따라오기 마련이다. 나는 이러한 점을 그냥 흘려보내지 않았다. 미리 책을 읽으면서 표시해둔 부분을 참고하여 필사하다 보면 내가 처음 읽을 때 와 닿던 부분과 필사를 하면서 와 닿는 부분이 다를 때가 있다. 그러면 필사를 하면서도 멈추고 다시 그 문장들을 생각해보게 된다. 책을 읽으면서 생겨난 나의 마음과 생각이 필사하면서 달라진 것이다. 책의 내용에 물음표가 생기고, 나의 또 다른 생각이 양념을 치기 시작한 것이다. 그럴 때 나는 한 꼭지 필사를 하고 나면 나의 글을 써 내려 간다. 얼핏 보면 비슷한 내용이지만 말하고자 하는 부분이 달라진 것이다. 남의 글을 읽고 그대로 옮겨 적는 과정에서 내게도 변화가 생기기 시작한 것이다. 필사의 질을 한층 더 업그레이드시키며 필사를 했더니 내 글쓰기에 쉽게 다가갈 수 있었던 것 같다. 단지 필사할 책을 미리 읽어보는 것만으로도 도움이 될 수 있다니 역시 사람은 자기에게 유리한 방향으로 스스로 방법을 찾아가게 되는 것 같다.

한 꼭지 필사 후 자신의 생각을 글로 적어 '생각의 덩어리'를 만들어 놓자. 생각이 눈덩이처럼 커져 하나의 덩어리가 되면 훗날 책을 쓸 때 도움이 된다. 내가 써 놓은 글을 글감으로 가져와 책을 쓰는 데 든든한 지원군이 되는 것이다. 단순히 한 꼭지 타자를 치는 필사에 머무는 것이 아니라 내 글을 쓰기 위한 예습과 복습의 과정이 필요하다. 미리 읽고, 필사하며 생긴 내 생각을 글로 적어보면 그것은 나의 뇌에 오랫동안 각인된다. 자신이 미리 읽고 필사하면서 선택한 글들에 자신의 견해를 접목시켜 새로운 글이 탄생 되는 기쁨을 느껴보라. 자신이 쓴 문장을 보며 감탄하게 되고, 글쓰기의 자신감도 생긴다. 필사를 한 후 생각을 글로 남겨 '생각의 덩어리'를 만들어 놓는 작업이 바로 필사 후 감상 글이다. '한 꼭지 필사'와 '필사 후 감상 글쓰기'는 내 글쓰기 위한 예습과 복습이다. 필사 후 감상 글은 나의 생각을 곱씹어 정리해서 내 글로 '이음'하는 것이다. 가능하면 글의 형식인 서론-본론-결론에 맞춰 쓰려고 노력한다. 이것 또한 A4 2장 쓰기의 연장이 될 것 같아서이다. 생각을 이어 쓴 글은 A4 2장이 되기도 하고 그에 못 미치기도 한다. 그렇게 긁적인 글이 여러 개의 작은 뭉치가 되고, 뭉치가 모여 커다란 생각의 덩어리를 만든다. 필사 후 적은 글이 지금은 나의 책 쓰기에 귀한 글감이자 새로운 글로 재활용되고 있다. 정말 놀라운 일이 아닐 수 없다.

필사도 하나의 배움의 과정이다. 필사에서 글쓰기를 배우기 위해서는 예습과 복습이 필요하다. 미리 읽기와 다시 글로 써보기의 과정은 대단히 의미 있는 과정이다. 다시 말하지만 필사할 책을 미리 읽어보고, 미리 읽기와 필사를 통해 선택된 문장들에 나의 생각을 더 한다. 그리고 그 문장들을 곱씹어 보고 나의 생각과 느낌을 내 글로 쓰게 되는 과정을 거치는 연습해보자. 그렇게 하다 보면 글쓰기에 조금 더 쉽게 접근하여 자신감과 성취감도 쑤

욱 올라가게 되는 것을 느낄 수 있다. 단 한 번이라도 해보는 시도가 중요하다. 나도 처음에는 이것이 귀찮고 번거로운 과정이라 생각한 적이 있었다. 하지만 내가 선택한 것을 믿고 연습하다 보니 그 중요성을 알게 되었다. 예습과 복습의 과정이 조금 나를 피곤하게 하더라도 꾸준히 하다 보면 결국은 나를 위한 좋은 디딤돌이 되어있다는 것을 알게 된다.

결국은 내 글을 쓰게 하는 힘은 '읽고 필사하며, 생각 정리 후 내 글쓰기' 이 과정에 있다. 에이브라함 링컨도 말하지 않았는가. '내게 나무를 베는 데 6시간이 주어진다면 나는 4시간을 도끼를 가는 데 쓰겠다.'라고 말이다. 우리는 글을 쓰기 위해 읽고, 필사하며 쓰는 모든 과정을 도끼를 가는 일처럼 날 세우는 일에 써야 한다. 그래야 내 글을 쓰게 될 때 힘들이지 않고 쓰게 되는 추진력을 얻게 된다. 무딘 날의 도끼로는 쉽게 나무를 베기 어렵다는 것을 기억하자.

손 필사와 타이핑 필사를 함께 한다

당신은 필사라 하면 어떤 필사가 떠오르는가? 맞다. 손으로 글을 베껴 쓰는 것을 떠올릴 것이다. 나 역시 그런 고정관념 때문에 손으로 하는 필사가 어렵고 느리다는 것을 알면서도 그 틀에서 벗어나질 못했다. 현재 나는 손 필사와 타이핑 필사를 함께 이어가고 있다. 왜냐하면, 손 필사를 먼저 시작했던 나이기에 그 장점을 누구보다 더 잘 알고 있기에 타이핑 필사를 한다고 손 필사의 손맛을 버릴 수 없기 때문이다. 내가 타이핑 필사의 매력에 빠져들면서 필사에 대해 검색을 해봤다. 혹여나 타이핑 필사에 관한 정보를 얻을 수 있나 해서다. 그러나 타이핑 필사에 대한 정보는 찾기 힘들었다. 오히려 자판으로 글자를 치는 것보다 손을 사용해 글을 쓰라는 정보들로 가득 했다. 정보통신과 과학 기술이 빛의 속도로 하루가 다르게 발전하고 있다 보니 자라나고 있는 어린아이에서부터 어른에 이르기까지 손으로 글자를 적는 일이 줄어들고 있다. 이러한 현실을 직시하고 많은 이들에게 경각심을 일깨워 주고자 손 글씨를 권장하는 뉴스들을 더 많이 접하게 되는 것일 수 있다. 우리는 손으로 쓰는 것이 뇌 발달과 사고에 좋다는 것은 익히 들어 잘 알고 있다. 나 역시 타이핑 필사를 만나기 전 그러한 생각 때문에 힘들고 느린 손 필사를 고집했는지도 모른다. 손으로 글을 쓰는 행위가 시·지각 발달에 도움을 준다는 사실은 조금만 관심을 기울이고 찾아보면 알 수 있는 사실이다. 자음과 모음이 만나서 하나의 글자를 만들고 글자와 글자 사이의 간격을 조절하여 나열하는 이 모든 것들이 복잡한 뇌 활동을 거쳐 일어나는 일들이다. 그에 반해 자판은 두드리기만 하면 뇌의 복잡한 사고와는 상관없이 글자가 저절로 생겨난다. 하지만 우리는 이러한 편리성을 역이용할 필요가 있다. 필기도구를 가지고 손으로 직접 쓰는 행위가 가져다주는 좋은 점을 부정할 수는 없지만 바쁘게 삶을 살아가는 현대인에게 쉽고 빠르게 할 수 있는 방법을 두고 어렵고 느린 것을 강요할 수도 없는 일이다. 시대의 흐름에 맞추어 필사에 대한 생각도 변해야 한다. 특히 내 글을 쓰고 싶고, 작가의 길을 가고자 하는 사람에게는 더욱더 변화가 필요하다.

지금 이 순간에도 정보는 넘쳐나고 과학 기술은 빠르게 변하고 있다. 나의 경우 손 필사와 타이핑 필사를 함께 하고 있지만, 각자의 상황과 환경을 고려하여 자신에게 필요한 필사를 권하고 싶다. 손 필사보다 타이핑 필사가 더 좋으니 타이핑 필사만 고집하라는 것도 아니다. 두 가지 필사 모두 필사로의 가치는 충분하다. 단지 손 필사 역시 많은 장점을 가지고 있는 반면 단점도 함께 수반하고 있기 때문에 필사에 대한 편견을 잠시 내려두고 타이핑 필사를 시작해보라 조심스럽게 권한다. 나도 해보기 전에는 이렇게 놀라운 변화를 겪게 될지 몰랐다. 그럼 지금부터 손 필사와 타이핑 필사를 하며 느낀 나의 생각들을 정리해보고자 한다.

첫째, 손 필사는 속도가 느리다. 특히 나의 경우 붓 펜으로 하는 필사라 더 느린 면이 있다. 병원 업무로 지쳐있던 나에게, 그리고 사춘기 두 딸아이와 보이지 않는 기 싸움으로 힘들어하던 내가 속도가 느린 손 필사를 하면서 나의 마음이 서서히 안정을 되찾아 가기 시작했다는 것이다. 필사의 속도에 나의 마음도 보폭을 맞춰 걸어가는 듯했다. 나를 되돌아보며 참된 나의 모습을 알아간다는 것은 모난 생각과 마음이 조금은 둥글어져 가는 기분이 들게 해 하루의 시작을 밝게 채워주었다. 남들은 새벽 기상을 하는 나에게 피곤하지 않냐고 묻지만 나는 오히려 생기가 넘쳤다. 이미 남들보다 먼저 일어나 필사로 나의 마음을 정화해 준 덕분인지 나도 모르는 에너지로 가득 차 있었다. 그래서 일하는 것이 나에게 즐거웠다.

둘째, 글씨체가 흐트러지는 것이 싫어서 붓 펜을 사용하지만, 마음이 심란하거나 가족과 작은 다툼이 있어 마음이 상한 날에는 어김없이 글씨체가 흔들렸다. 글씨에 나의 마음이 드러나는 것을 볼 때마다 보이고 싶지 않은 마음까지 들킨 것 같아 다시 마음을 고쳐 잡는 것을 멈추지 않았다. 마음이 조급하고 불안할수록 손에 힘이 들어가고 글씨는 중심을 잡지 못하고 틀리는 글자 수가 많아졌다. 이런 날은 필사를 멈추고 싶은 맘이 굴뚝같다. 마음을 가다듬고 손에 힘을 빼고 다시 필사를 시작해도 여전히 마음을 숨길 수 없었는지 자꾸만 손과 팔에 힘이 들어갔다. 이렇게 필사를 하면서 보여 지는 내 감정을 알아차릴 수 있다는 것이 신기하기도 하고 미리 알아차릴 수 있다는 것은 다시 나를 원래 상태로 되돌려 놓는 시간을 단축시켰다. 하지만 못난 나의 글씨체가 때로는 사랑스럽기도 했다. 고유한 나만의 지문 같은 글씨체가 새겨진 단 하나뿐인 필사책이니까.

셋째, 손 필사는 속도가 느린 만큼 필사에 빼앗기는 시간도 엄청나다. 그래서 나는 새벽에 1시간씩 필사했다. 필사 시간을 정해두지 않으면 출근 전까지 필사만 하고 있을 것 같았기 때문이다. 나는 손 필사를 하고자 하는 이가 있다면 손목에 무리 가지 않으면서 나에게 맞는 시간을 분배하여 꾸준히 손 필사를 이어갈 수 있길 바란다. 게다가 손으로 글을 따라 적는 행위에 집중하다 보니 육체적인 피로감은 피할 수 없다. 지쳐서 필사를 멈추고 싶다는 생각이 굴뚝같았던 적이 한 두 번이 아니었다.

이렇게 손 필사에 대한 나의 생각을 공유해 보았다. 이어서 〈책성원〉에서 하고 있는 타이핑 필사에 대한 나의 느낌을 나누고자 한다.

첫째, 타이핑 필사는 손 필사에 비해 시간을 절약하는 효과가 있다. 기회비용이 아주 좋다. 그래서 나는 새벽에는 손 필사를 하고, 잠들기 전에 타이핑 필사를 한다. 손가락으로 키보드 자판을 두드려 하는 필사이기 때문에 타자 속도만 빠르다면 앉은 자리에서 1꼭지 필사는 식은 죽 먹기이다. 보통 20분 정도의 시간이 걸린다고 하나 자판에 익숙지 않은 나는 처음 필사를 진행할 때 1시간은 기본 걸렸다. 꾸준함의 힘은 역시 놀라운 결과를 보여준다. 지금은 30분 정도 걸린다. 정말 반복만이 답인 듯하다. 시간적 제한 때문에 책 한 권의 통 필사를 시작하기 망설여진다면 타이핑 필사로 시작해 보는 것도 나쁘지 않다. 생각보다 빠른 속도감 때문에 성취감이 자고 나면 호박이 크듯 쑥쑥 커갈지도 모른다.

둘째, 글씨체에 자신이 없는 사람들에게 타이핑 필사는 거부감을 줄여준다. 옆집에 사는 언니는 내가 필사를 한다고 했을 때 자신은 악필이라 필사는 죽어도 못한다고 얘기했다. 게다가 느린 독수리 타법으로는 타이핑 필사조차 엄두도 못 낸다고 말했다. 하지만 타자는 나처럼 꾸준히 필사하며 속도를 높여 가면 된다. 하지만 글씨체를 고쳐서 손 필사를 한다는 것은 많은 시간이 더 걸릴 수도 있다. 이러한 사람들에게 나는 타이핑 필사를 권한다. 나도 느린 타자 속도가 발목을 잡는 듯했지만 하고자 하는 의지만 있다면 타이핑 필사가 답이다.

셋째, 타이핑 필사를 하는 동안 빠른 속도로 몰입하게 된다. 그래서 잡생각이 없어지고 집중력이 향상한다. 몰입하게 되면서 나는 내면이 치유되는 것을 느꼈다. 몰입은 나를 알아가게 하고, 물

컹거리던 마음 근육도 점점 단단해져 갔다. 그 단단해진 마음 근육이 어떠한 말에도 나를 제대로 지키는 힘이 되어 주었다. 예전 같으면 어떤 이가 하는 말에도 신경 쓰여 마음이 약해져서 하기 싫은 마음이 있어도 내가 조금 양보하면 되지 하는 마음이 앞섰는데 지금은 내가 중심이 되고, 나에게 집중하다 보니 어떤 일이 생겨도 나에게 이로운 결정을 내리게 되었다.

나는 글을 쓰는 작가이다. 이 글은 오롯이 나의 경험에서 나온 것이고, 작가의 삶에 빠르게 갈 수 있는 지름길은 타이핑 필사였다고 말하고 싶을 뿐이다. 손 필사든 타이핑 필사든 나는 필사를 한다는 것에 좋은 점수를 주고 싶다. 단, 나에게 맞는 필사를 꾸준히 하라는 것이다. 두 가지 필사에서 나에게 유리한 필사를 꾸준히 한다는 것이 중요하다. 내가 스트레스받지 않고 오래 지속할 수 있고, 내가 필사를 하는 이유에 부합하는 필사를 하길 바란다. 당신은 이제 타이핑 필사의 존재를 알아버렸기 때문에 그 자체로 변화의 출발점에 있는 것이다. 나는 타이핑 필사를 하면서 작가가 되기로 결심했다. 그저 나의 글을 쓰고 싶다는 막연함에서 진짜 작가로 첫발을 내딛게 되었다. 필사의 변화가 내 인생 변곡점이 된 것이다. 나처럼 손 필사를 해 본 사람도 타이핑 필사를 통해 또 다른 매력에 빠져보길 바란다. 반대로 처음 필사를 접하는 사람들이나 손 필사를 하는 이들도 쉽게 시작할 수 있는 것이 타이핑 필사라는 것을 기억하자. 그리고 일단 시작해 보자. '지금 으로부터 1년 후 오늘 시작했더라면 좋았을 걸 하고 바랄 수도 있 다.'라고 말한 미국의 영화배우 카렌 램의 말처럼 우리는 좀 더 일 찍 필사를 시작하지 못했던 것을 1년 뒤에 후회할 수도 있다. 나 역시 타이핑 필사를 빨리 시작했더라면 하는 아쉬움이 남을 때가 있다. 그랬다면 좀 더 질 높은 삶을 일찍이 부터 받아들이고 '진짜 나'다운 인생을 살아가고 있지 않았을까.

필사에도 체력이 필요하다

　한 가지 일을 매일 꾸준히 한다는 것은 인내와 끈기의 시간이 더해진 시간들의 합이다. 새벽 기상을 하고 책을 읽으면서 나름 대로는 버티기 힘이 생겼다. 그 힘이 더 해져 필사를 매일 이어갈 수 있는 힘까지 내 몸에 장착할 수 있었다. 글쓰기를 하기 위해서는 오래 앉아 버티기 할 수 있는 엉덩이를 받쳐 줄 의자의 힘이 필요하다. 갑자기 앉아서 글을 쓴다고 엉덩이를 받쳐 줄 의자의 힘이 좋아질리 없다. 처음에는 글을 쓸 수 있을지라도 시간이 지날수록 의자의 힘은 고갈될 수 있다. 왜냐하면, 평소에 글을 쓸 준비를 하지 않았기 때문이다. 글을 쓸 준비를 하는 것은 필사이다. 필사가 주는 긍정적인 면들이 많지만 내 글을 쓰기 위해선 반드시 의자에 앉아 글을 쓸 수 있는 힘이 먼저 장착되어야 한다. 글을 쓰기 전에 필사로 의자의 힘을 꾸준히 기르자. 내 엉덩이가 의자에 닿아야 의자도 받쳐 줄 힘을 낸다. 필사로 다져진 체력은 나에게 공저의 기회가 왔을 때 기회를 잡을 수 있는 힘을 주었다. 체력을 기르자. 필사와 글쓰기는 단거리 경주가 아니다. 장거리 경주인 만큼 버티기 힘이 필요하다. 부지런히 준비해서 눈앞의 기회를 놓치지 않도록 하자.

간호사란 직업은 환자들을 우선으로 하기 때문에 앉아서 쉴 틈이 거의 없다. 신생아실 근무가 주를 이루었던 나에겐 신생아실과 수유실 사이를 두고 두 다리로 길고 긴 동선을 오가다 보면 다리에도 힘이 실린다. 수없이 아기들의 속싸개를 풀었다 다시 싸주는 반복된 행동은 나도 모르는 사이 팔의 근육을 키웠다. 일을 하면서 저절로 체력도 함께 키워간 샘이다. 두 팔과 두 다리의 힘이 하루를 버틴다 해도 과언이 아니다. 이렇듯 무슨 일을 하든 기초체력은 필요하다. 다행히 나는 오래전부터 남들보다 먼저 일찍 일어나서 책을 읽고 필사하는 습관이 어느 정도는 몸에 배어있었던지라 필사를 꾸준히 해나가는 것에 크게 무리는 없었다. 필사는 다른 작가의 글을 그대로 옮겨 적는 행위이기에 자판치는 속도가 빠르면 20분 정도의 시간만 들이면 할 수 있다. 하지만 내 글을 쓰기 시작하면 달라진다. 내 글은 나의 생각과 마음에서 나오기 때문에 필사를 하는 시간보다 훨씬 더 적극적인 시간이 필요하다. 그럴 때 오래 앉아 있을 수 있는 의자의 힘이 필요하다. 나는 필사를 길고 오래 할 수 나만의 비법을 찾아야만 했다.

산책을 하며 필사에 힘을 실었다. 산책은 걷는 행위를 동반한다. 걷는 동안 다리의 힘도 길러지고, 걷다 보면 인내의 시간도 견뎌내야 한다. 걷는다는 반복적인 행위가 주는 지루함이 느껴질 때가 온다. 그러면 보이는 의자에 앉아 쉬고 싶다. 하지만 조금 더 걸으며 하늘도 보고, 나무도 보고, 사람들을 본다. 무심히 흘러가는 나의 시간과 그들의 시간을 들여다보면 문득 떠오르는 생각들이 내 글이 된다. 필사도 마찬가지이다. 매일 꾸준히 산책하듯이 글을 옮겨 쓰다 보면 작가의 글 속에서 메시지를 받고 내 글도 써지게 된다. 그때 멈추지 말고 앉아서 계속 글을 쓸 의자의 힘이 필요한 것이다. 필사를 하다 보면 때로는 반복되는 행위가 지루하기도 하고 나태한 마음이 생각을 좀먹기도 한다. 그때 멈추면 안 된다. 처음 산책을 하며 걸을 때 다리가 빨리 아파왔다. 그래서 앉아서 주변의 풍경을 봤다. 그때 알았다. 내 다리가 잠시 편할지 몰라도 앉아서 볼 때의 풍경과 걸으면서 보는 풍경은 천지 차이라는 것을. 내가 걸으면 나의 오감을 스쳐 지나가는 모든 것들이 살아서 내게 오는 것만 같다. 내가 적극적으로 먼저 다가가 느낀다. 하지만 앉아서 지켜본 풍경은 느리고도 천천히 내게 왔다. 필사도 내가 몸으로 직접 움직여서 지루함과 나태함을 떨쳐낼 때 적극적으로 다른 작가의 글들이 살아서 내게 온다. 나는 나의 엉덩이를 받쳐 주는 의자의 힘에 의지해 오늘도 필사를 하고 글을 쓴다.

규칙적인 필사의 시간을 가졌다. 필사를 꾸준히 하기 위해서는 필사를 저해하는 방해 요소가 최대한 적은 시간이 필요하다. 되도록 가족들 서로에게 피해가 되지 않으면서 서로를 존중해 줄 수 있는 시간대를 선택하는 것이 좋다. 필사를 해 온 사람들의 경험담을 들어보면 남편 눈치, 아이의 양육 문제로 자신의 시간을 온전히 활용하기에 제한이 있었음을 알 수 있었다. 나 역시 별반 다르지 않지만, 필사를 하며 시행착오 끝에 시간을 둘로 나누었다. 새벽 기상을 하며 지켜 온 손 필사와 〈책성원〉에 들어와서 알게 된 타이핑 필사의 매력을 놓치고 싶지 않아 둘 다를 지켜낼 방법이 필요했다. 손 필사는 종전대로 새벽 시간을 지키되 타이핑 필사는 잠들기 전에 하기로 결심한 것이다. 나의 경우 새벽 시간대가 생각의 흐름이 가장 자연스럽게 흘러가는 편이다. 나 혼자 깨어 있는 시간이 주는 안락함은 생각에 티끌조차 남아있지 않게 한다. 하루 중 제일 맑고 깨끗한 시간이다. 그래서인지 책도 잘 읽히고, 글의 감성도 더 세밀하게 드러난다. 이 시간대에 적합한 필사는 손 필사였다. 책을 읽고 내가 선택한 글을 필사하며 마음이 정화되고 편안해지는 기분이 든다. 그러한 감정을 가지고 글을 쓰다보면 어느 새 아침이 밝아온다. 반면에 타이핑 필사는 자판을 두드리며 하는 필사라 손에 힘이 많이 들어가지 않는다. 그래서 손가락으로 자판만 톡톡 건드려도 자음과 모음이 날개를 달고 힘차게 날기 시작한다. 빠른 몰입을 가져오는 만큼 필사의 시간도 빨리 끝이 난다. 오늘 할 일을 잘 마무리했다는 부듯함이 오늘 하루를 더 풍성하게 채운다. 잠들기 전 필사로 나는 새벽에 일어나서 쓸 글을 생각한다. 오늘 하루를 필사로 마무리하며 잠들 때 내일의 내가 궁금해진다. 왠지 마무리 필사가 내일의 출발점이 되어 주는 것 같아 편한 마음으로 잠이 든다. 자신에게 맞는 필사 시간을 조정하는 것은 대단히 중요한 일이다. 필사하기 좋은 나만의 일정 시간이 갖추어졌을 때 꾸준히. 오래. 스트레스받지 않고 할 수 있는 것이 필사이다. 나에게 적합한 필사 시간에 집중하라. 그 시간이 인생을 바꿔 놓을지도 모른다.

필사할 때 두 가지 책을 번갈아 가며 필사했다. 필사는 꾸준히 하는 것이 핵심이다. 하다가 멈추면 방향을 잃고 만다. 내가 필사로 이루고자 하는 일이 흐리멍덩해진다. 필사를 하지 않은 시간이 늘면 필사에 대한 감정이 옅어지고 퇴색해버린다. 그런 감정이 지속이 되면 처음 필사를 했을 당시의 초심을 다시 잡기가 힘이 든다. 그래서 필사는 계속되어야 한다는 것이 내 소신이다. 필사를 좀 더 재미나게 할 수 있는 방법을 생각해야 한다. 줌 미팅을 하는 어느 날이었다. 초보 작가는 필사를 하면서도 글 쓰는 방법이 궁금하다. 필사하지만 왜 필사를 하고 있는지 알려면 적어도 한 달은 해봐야 감이 오기 시작한다. 그 사이에 작가들이 함께 모여 서로의 생각을 공유하는 시간을 갖는 것은 또 다른 배움의 장이 열리는 것이다. 필사를 하며 글 쓰는 방법이 어렴풋이 감이 왔을 때 N 작가가 또 다른 책의 한 부분을 함께 필사할 것을 권하는 모습에서 '아! 이거다.' 싶었다. 필사를 하면 꼭 한 가지 책을 끝까지 해야 한다는 나만의 편견을 깨는 시간이었다. 이미 2권의 필사가 끝이 나고, 세 권째 필사 중이었는데 한 가지 책만 필사하다 보니 조금 지루한 면이 있었던 참이었다. 하루하루 변갈아 가며 주제는 비슷하지만 다른 색깔의 느낌을 주는 책을 만난다는 것은 매일 다른 작가와 교감을 하는 것 같아 나에게 더 필사의 속도를 높여 주었다. 자신의 성향에 맞는 필사를 하라고 권하고 싶다. 양보다는 질에 더 관심을 가지는 필사를 하길 권한다. 필사하는 시간이 노동과 의무가 아닌, 나 자신을 설레게 하는 시간이 되길 바란다.

필사는 나를 설레게 하면서 꾸준히 오래 앉아서 할 수 있게 하는 의자의 힘을 필요로 한다. 필사는 글에 관한 모든 것의 준비운동이나 다름없다. 오래 버틸 수 있는 힘이 진정한 글쓰기의 힘이 된다. 필사로 글쓰기 체력을 길러야 한다.

1,000m 달리기도 숨이 목 끝까지 차올라 당장이라도 끊어질 듯하고 가슴이 터질 것 같아도 그 체력의 한계를 넘기고 달리기를 멈추지 않는다면 결국엔 완주를 하게 된다. 완주 뒤에 오는 승리감은 또 다른 도전을 하게 만든다. 나를 이겨내면 다음부터는 쉬워진다. 필사를 하며 나를 담금질하는 이 시간을 견디면 반드시 책 쓰기의 결과물이 생겨난다. 그 결과물을 얻기 위해서는 필사와 글쓰기에도 '뒷심'이 필요하다. 그 뒷심을 길러주는 것이 필사이다. 필사를 꾸준히 하는 힘이 곧 진정한 체력이 된다. 필사와 글쓰기를 꾸준히 이어가는 것에도 체력이 떨어지면 자신만의 속도의 끝까지 완주할 수 있는 호흡이 필요하단 것을 잊지 말길 당부한다.

Part 4

필사하면 보이는 것들

'나다움'을 찾는 가장 아름다운 작업, 필사

'나답다'라는 말은 늘 물음표를 던진다. '어떤 것이 나다운 것일까?' 나조차도 쉽게 정의 내리기 어려운 질문 중 하나였다. 생각해보면 간호사의 삶은 고되고 견디기 힘든 순간들의 집합소 같았다. 임상에서 10년 이상 3교대 근무를 했었다. 많은 사람이 눈을 떠 낮의 찬란함과 함께 어울릴 때 나는 잠을 자둬야 했고, 많은 이들이 깊은 잠에 취해 있는 동안 아픈 환아를 돌보며 뜬 눈으로 긴밤을 하얗게 불태워야 했다. 뭔가 잘못된 것 같았지만 이 또한 내가 가고자 한 길이기에 언제나 주어진 업무에 최선을 다하는 것이 옳다고 믿었다. 힘들어도 꾹 참고, 아파도 통증마저 삼켜가며 나보다 내가 돌봐야 할 환자들이 우선된 삶이었다. 간호사의 삶, 물론 보람도 있었고 나를 성장시킨 부분도 있었을 것인데 남은 기억의 잔해들은 하나같이 우울하다. 분명, 나는 간호사가 되고 싶었고, 간호사란 직업은 내가 하고 싶었던 일이었다. 되고 싶고, 하고 싶었던 일이 어느 순간부터 완전한 생계수단이 된 후로 더는 그 일에 가슴 뛰지 않았다. 오히려 쉽게 그만두지 못하는 현실이 주는 압박감으로 숨이 턱 끝까지 막히는 순간들을 견뎌야 했다. 20년 이상을 간호사로 살아왔음에도 불구하고 병원을 벗어난 세상은 내게 티끌만 한 아쉬움이나 미련조차 남기지 않았다.

퇴사 후 본격적으로 필사와 글쓰기를 시작하면서 매일 새로운 나와 만나고 있다. 필사를 통해 내 안에 잠들어 있던 가능성이 그 모습을 드러냈다. 간호사로서의 '나'가 작가로서의 '나'와 조우하게 되었을 때 또 다른 세상이 응답해왔다. 필사하는 나의 모습이 낯설지만 나를 설레게 하고 다시 가슴 뛰는 시간을 가져다주었다. 필사는 내면으로 들어가는 문이 되어 나도 몰랐던 생각을 읽고 세상 밖으로 나를 드러내는 작업을 한다. 아내로, 엄마로, 간호사로 일인다역(一人多役)의 시간을 무모하다시피 견뎌내고 나서야 내 삶의 진정한 가치를 발견했다. 필사가 나의 감정을 읽었다. 생각만 해도 숨통을 조여오는 듯한 그 시절을 생각하고 싶지 않았던 나였다. 필사는 내 삶의 지워지지 않는 얼룩과도 같던 내 삶의 한 페이지의 숨은 진실에 다가서게 했다. 간호사로 살아낸 시간은 나에게 자부심이었고, 그 시간을 꿋꿋하게 버텨 낸 나를 누구보다 응원하고 있었던 사람이 바로 나였다. 간호사의 삶으로 회귀하게 되는 날이 온다면 나답게 간호사의 삶을 살아갈 용기가 생겼다. 필사를 통해 내 삶 자체가 글이 될 수 있다는 것과 그 어떤 경험도 그냥 일어나지 않는다는 것을 알아버렸다. '나답다'에서 '답다'는 앞에 있는 '나'라는 단어를 빛나게 만드는 긍정적인 주문 같다. '나답다'라는 말은 내 안에 숨어있는 긍정적인 요소들을 하나씩 찾아가는 긴 여정이 아닐까. 나답게 사는 일은 내가 만나고 싶은 나를 닮아가려는 매일의 노력이다. 필사하면서 긍정적인 내 안의 숨은 나를 찾아가고 있다. 내가 닮고 싶은 숨은 나를 찾아 현실로 그 모습을 드러나게 하는 것이 '나다운'일이다. 필사를 시작해 보자. 조금씩 드러나는 나란 존재가 그 얼마나 위대한 가능성을 품고 있을지 기대되는 삶을 살게 될 것이다. 필사는 만나고 싶은 나를 상상하는 것만으로도 동결되어 있던 스무 살의 심장을 다시 뛰게 했다.

발레리나 강수진의 발 사진을 보고 충격에 빠진 적이 있다. 그와 동시에 전율이 온몸을 감싸는 기분이 들었다. 그녀의 발은 여자의 발이라고 믿고 싶지 않을 만큼 울퉁불퉁하게 관절이 마디마디마다 튀어나와 있었다. 내가 생각한 보통 사람들의 발이 아니기에 더 많은 것을 생각하게 하는 비정상적인 발의 모양이었다. 많은 사람들의 환호와 찬사를 받는 화려한 스포트라이트 뒤에 숨겨진 발레리나 강수진의 모습을 말해주는 것 같아 가슴이 먹먹했다. 얼마나 삶을 치열하게, 열정적으로 살아왔을지 말하지 않아도 알 수 있었다. 그녀는 18시간에 걸친 지독한 발레 연습의 결과로 남들이게 보여주기 꺼려질 정도의 발 모양을 가졌지만 행복해서 눈물이 날 것만 같다고 한다. 이런 그녀의 당당하고 멋진 모습은 내게 질문을 던진다. '진짜 내 인생을 살고 있는가?' 한때 나는 '왜 나에게만 이런 일들이 생기는 것일까?', 라며 세상을 원망한 적이 있었다. 하지만 필사와 글쓰기를 하면서 내 인생도 그리나쁘지만은 않았다는 사실에 눈을 떴다. 남의 인생을 부러워하며 사는 것보다 내 삶을 있는 그대로 나답게 살아내는 것에 집중하려고 노력한다. 내게 오는 시련이나 좌절 같은 고비들도 피하려하기보다 맞바람을 맞으며 이겨내는 법을 배워가는 것이 훨씬 낫다.

나답게 산다는 것은 내게 주어진 삶을 인정하고 그 안에서 나를 잘 데리고 살아가는 것이다. 마흔 중반의 문턱에 와서야 나를 마주할 용기가 생겼다. 이전까지는 남이 나를 어떻게 생각할지 신경 쓰며 살아왔던 것 같다. 내가 이런 말 하면 저 사람은 나를 어떻게 생각할까?, 내가 이렇게 하자고 하면 저 사람은 과연 나를 따라와 줄까? 라며 말과 행동 하나에도 나보다 남을 먼저 세워 생각했다. 좀 더 이기적이어도 되는데 성격상 '좋은 게 좋은 거다'라며 타인의 마음에 초점이 맞춰진 눈치 보는 삶을 산 것이다. 그렇다 보니 일을 하면서도 맥이 빠진다. 윗사람 눈치 보랴 아랫사람 눈치 보랴 마음 편할 날이 없다. 조금은 이기적이어도 된다며 나를 다독인 이가 있다. 이기적이라는 말이 나쁘게 들리지만 결국 이 말은 나에게 이로운 쪽으로 움직인다는 말이다. 나에게 이익이 되는 삶을 한 번쯤 살아도 괜찮지 않을까?

20년 이상 해 온 간호사의 삶이 '일시 정지' 상태가 되었다. 실직 후 주어질 자유시간을 어떻게 써야 할지 막연했었는데 타이핑 필사를 시작하면서 몰입의 하루를 살아가고 있다. 홀딱 빠져 시간 가는 줄 모른다. 내가 이런 사람이었나 싶을 정도로 필사와 글쓰기에 행복감을 느낀다. 오히려 간호사의 삶으로 돌아갔을 때 필사와 글쓰기에 소홀해질까 봐 겁이 난다. 매일 누리는 쓰기의 기쁨을 그 무엇에게도 빼앗기고 싶지 않기 때문이다. 필사한다는 것은 내 안의 숨은 나를 찾아가는 긴 여정이다. 필사를 하며 본래의 내 것 인양 모나 있던 마음도 둥글게 다듬어가며 본연의 모습을 만나러 가고 있다. 알게 모르게 바쁜 일상 속에 가려져 보이지 않았던 나를 새롭게 발견하는 기쁨이 바로 필사이다. 필사는 가슴 뛰는 삶을 다시 살게 했다. 앞으로 해야 할 일들이 많다는 것을 알게 되니 감사하는 삶이 찾아왔다. 나를 쓰임이 있는 살아있는 존재이게 하는 오늘이 감사했다. '나다움'을 찾아가는 과정은 때론 외롭다. 가끔 게으름에 발목을 붙잡힐 듯 아슬아슬하지만, 다시 그 아슬한 순간을 이겨내고 필사를 한다. 오늘을 나의 게으름에 허락한다면 내일의 성장한 나를 만날 수 없다. 오늘 멈추면 내일의 나는 더 많이 움직여야 한다. 필사하며 배움의 고삐를 놓지 않는다면 그만큼 성장한 나를 만나게 된다. 더 나은 나를 나에게 안겨주는 것만큼 더 좋은 선물이 있을까?

한눈팔지 않고 꾸준히 이어가는 필사가 인생의 흐름을 바꿔 놓는다. 여기저기 기웃거리지 말고 한 우물을 파라. 필사한다는 것은 귀한 나를 만나러 가는 길이다. 그 길 위에 걸림돌을 올려놓지 마라. 걸림돌을 치우는 데 시간을 허비하게 될 것이다. 오직 나를 위해 필사를 해라. 나를 바로 세우면 자연스레 주변이 보인다. 나부터 정리가 되면 다른 것들은 저절로 따라오게 되어있다. 필사에 몰입하다 보면 손에서 글로 옮겨지는 과정을 통해 자신의 생각을 만나고 자기의 마음을 알아차리게 된다. 필사는 앞으로 나아가고자 하는 나를 만나게 한다. 제자리에 있는 것만 같은 나를 움직이게 하는 힘이 있다. 입안이 다 헐어도 필사를 한다. 그대로 옮겨 적다 보면 비워낸다. 비워낸 자리에는 내 글쓰기로 채워진다. 이 과정을 반복하다 보면 내 안의 숨겨진 위대한 나의 존재에 가까이 간다. 한순간도 나를 잊어서는 안 된다. 끊임없이 나란 존재를 밖으로 나오도록 손을 잡아주는 과정이 바로 필사이다.

내 이름 석 자는 내 부모의 기도하는 마음이다. 내 이름이 좋든 싫든 부모가 지어주신 이름에는 나름의 의미가 있다. 부모는 자식의 이름을 불러 주며 건강하고 오래 이름처럼 잘 살길 바란다. 그 염원이 담긴 것이 이름이 아닐까 싶다. 나답게 사는 것은 이름값 하며 살아가는 것이다. 내 부모의 기도하는 마음이 담긴 이름 석 자를 많은 이들이 불러 주는 날이 올 거라 상상하며 부지런히 필사하며 나의 길을 가고 있다. 필사하는 동안 나는 지치는 것을 잊는다. 입안에 생긴 물집도 개의치 않을 만큼 필사와 글쓰기로 그 어느 때보다 즐겁고 행복하다. 새로운 나를 데리고 나머지 삶을 나답게 살아갈 준비를 해야 한다고 생각하면 설레고 가슴이 벅차다. 나로 인해 변화되는 삶을 살아가는 사람들이 있다면 더없이 좋을 것만 같다. 나도 세상에 이로운 일 하나쯤 할 수 있다는 생각에 큰 사람이 된 것 같다. 필사가 아니었다면 나는 결코 실직자로 살아가는 이 시간이 행복한 방황의 시간임을 알지 못했을 것이다. 필사는 온전히 혼자 머물게 하는 시간이기에 나에게 더 깊이 다가갈 수밖에 없다. 주위의 소음을 제거하면 비로소 내가 보이는 법이다. 즉, 필사하는 시간은 귀하디귀한 나와 마주하는 시간이다. 어루만져 주고 안아줘야 하는 시간이다.

필사는 '나다움'을 찾아가는 가장 아름다운 작업이다. 내가 어떻게 살아야 할지 방향을 제시해주고 내가 어떤 사람인지를 알려준다. 내가 누구인지 궁금한가? 내 안의 가능성을 꿈꾸는가? 필사하면 알게 된다. 진짜 나의 모습을.

필사로 작가의 삶을 현실로 가져 온다

당신에게 꿈이 있는가? 생각만으로도 심장이 간질거리고 설레는 꿈 말이다. 머릿속에 떠오르기만 해도 눈물이 날 만큼 선명한 비전(vision)을 가지고 있는가? 마흔 중반에 찾아온 새로운 나의 꿈, 나의 열정에 감탄하며 보내는 하루가 감사하기만 하다. 소처럼 열심히만 하면 되는 줄 알았던 내가 마흔 중반의 고개 언저리쯤 와서야 '열심히' 하는 것에도 전략이 있고 체계적이어야 한다는 것을 뼈저리게 깨닫고 있다. 필사하면서 자연스럽게 찾아온 제2의 나의 모습을 인정하고, 사랑할 수 있는 것은 그만큼 이겨내야 할 시간의 문턱 또한 높다는 의미다. 필사하며 끊임없이 나에게 질문하고 답하며 해답을 찾아가는 인고의 시간은 나를 글 쓰는 사람으로 바꾸어 놓았다.

공저 책에 들어갈 6꼭지의 글을 정해진 기한보다 빨리 써서 마무리했다. 물들어 온 김에 노 저어라, 는 말이 있듯이 흐름을 타고 개인 저서 집필에 들어갔다. 타이핑 필사를 한지 불과 6개월이 채 안 된 기간에 이 모든 일이 일사불란하게 진행되었다. 스스로 생각해도 놀랍다. 내 안에 이런 능력이 있었다니! 곰곰이 생각해보면 노력의 시간도 분명 있을 테지만 매일 필사에 몰입하며 나 자신의 미래의 모습을 확신했기 때문인지도 모른다. 생생하게 상상하면 원하는 것이 이루어진다고 하지 않는가? 나는 매일 타이핑 필사를 하며 내 글을 쓰고 있다고 상상한다. 이 모습 자체가 시각화라며 머리와 마음에 새겨 넣는다. 그리고 필사하는 나의 모습 중 한 장면을 캡쳐하여 미래 청사진으로 뽑는다. 나에게 하루 1꼭지 타이핑 필사는 매일 미래의 나를 만나러 가는 시간이다. 생생한 시각화로 미래의 청사진을 들여다보며 꿈을 만나는 시간이다. 당신은 오늘 어떤 모습의 청사진을 뽑고, 어떤 모습을 한 미래의 나를 상상하는가?

오늘도 필사에 몰입한다. 미래의 나의 모습이라 생각하며 자판을 두드리는 작업을 손에서 놓지 않는다. 내 글을 쓰기 시작하고 작가라는 꿈이 생기면서 그 어느 때보다 필사에 매진 중이다. 꿈을 이루기 위해선 간절함에 노력이 더해져야 하는 수고로움이 있다. 그 노력의 밑바탕에는 꾸준함과 끈기, 열정 등이 동무처럼 따라붙는다. 본인의 의지가 없으면 절대 꿈에 이를 수 없고 그저 몽상에 지나지 않는다. 오죽하면 아인슈타인이 "어제와 똑같이 살면서 다른 내일을 기대하는 것은 정신병 초기 증세다."라고 말하겠는가? 내가 할 수 있는 수단과 방법을 총동원해야 한다. 단순히 필사만 할 게 아니라 작가가 되기 위해 책도 많이 읽고, 글도 써보고, 완성된 미래의 나의 모습도 끊임없이 생각하며 내 몸에 만들어진 구멍이란 구멍에 생명을 불어넣는다는 생각으로 치열해야 한다. 그것이 나는 간절함의 표현이라 생각한다. 필사와 글쓰기를 하다 보면 갑자기 뭐하나 싶을 때가 있다. 어느 날은 몸이 바닥에 착 달라붙어 도무지 움직일 엄두조차 나질 않는다. 나를 컴퓨터 모니터 앞에 앉게 하는 건 미래의 나를 만나고야 말겠다는 '의지'에 달렸다. 이건 단시간에 생기는 것이 아니다. 매일 필사를 꾸준히 하며 시각화를 하고 그중에 가장 완벽한 청사진을 뽑는 작업이 있었기 때문이다. 나도 모르는 사이 생각의 힘은 겹겹이 지층처럼 쌓이고 견뎌낸 시간의 힘으로 단단해진 것이다. 만져지지 않고 보이지 않는 생각의 힘을 기르는데 시각화만큼 좋은 것은 없다.

필사와 글쓰기는 한 번 하고 끝날 게 아니기에 꾸준히 해나갈 힘이 필요하다. 나는 시각화에서 그 힘을 얻었다. 필사를 하며 '아, 맞아! 내가 필사하는 이 시간을 동영상으로 찍는다고 생각하자. 이 자체가 하나의 영상물이 되는 거지. 내가 주인공인 생생한 시각화를 하는 시간이라고 생각하자!'라고 '아하'의 순간이 온 순간 이후로 단 한 번도 나를 의심하지 않았다. 한마디로 내 인생의 한 부분을 영화로 만드는 영화감독이라고 생각하기로 했다. 나는 영화감독이 되어 필사하는 나의 모습을 생생하게 지켜보고 있다. 시각화하려고 하면 일부러 시간을 내서 해야 한다는 마음에 부담이 된다. 그러나 '필사의 시간이 곧 시각화다.'라고 생각하니 한결 마음의 무게도 가볍다. 이러한 나름의 긍정적인 해석이 꿈을 잠재의식에 더 잘 각인시키는 듯한 기분이 들었다. 작가가 되고 싶다면 필사를 해보자! 그리고 필사하며 꿈을 현실로 끌어당겨 보자.

작가들의 단톡방은 이른 아침부터 활기가 넘친다. 작가들의 아침인사부터 필사 인증사진과 필사 감상글들이 올라오기 시작한다. 리더는 하루도 빠지지 않고 꿈을 키워가는 작가들에게 용기를 주는 글과 앞으로 배우고 적용시켜 나갔으면 하는 부분들을 짧은 글로 남긴다. 글을 쓴 후로 단톡방의 침묵을 깨는 리더의 짧은 글들도 좋은 글감이 되겠다는 생각에 열심히 내 파일에 주워

담고 있다. 그중에 내 마음을 관통시킨 글이 있다. 내가 쓰고자 하는 주제에 사례를 하나 던져준 샘이 된 짧지만 의미 있는 리더의 메시지를 소개하고자 한다.

"마음속 어떤 영상을 가지고 있으신가요? 그 영상의 느낌은 어떠신가요? 간절한 목표가 있다면 그 목표 달성한 모습을 영상으로 만들어 마음속에서 매일 생생히 재생해야 합니다. 그래야 그것은 자연스러운 나의 삶으로 변화될 것입니다. 작가가 되어 선한 영향력을 끼치고 자신 또한 삶의 의미를 찾아 행복한 인생을 살아간다는 목표를 가졌다면 출간한 책 한 권을 들고 환하게 웃으면서 주변에 경험과 노하우를 알려주는 영상을 가져보시길 권해보네요. 이 영상이 매일 돌아갈 때 그 목표는 빠르게 나의 현실이 됩니다. 나 또한 영상을 가지고 매일 돌아가도록 합니다. 미래의 나는 오전에, 3층짜리 건물에서 책 쓰기에 관한 경험과 노하우를 사람들에게 알려주고 오후 시간에는 불쌍한 유기 동물들을 돌봅니다. 사람과 동물을 살리는 것이 나의 영상의 모습입니다. 내가 되고 싶고, 갖고 싶고, 하고 싶은 것을 영상으로 만들어보세요. 그리고 그 영상을 마음속에 간직한 후 매일 돌려보시길 권합니다."

많은 성공자들이 꿈을 이루기 위해 시각화를 한다고 한다. 시각화는 내가 되고자 하는 가장 이상적인 삶을 자신의 무의식 속에 이미지화하여 심어놓는 일이다. N 작가도 10권이 훌쩍 넘는 책을 출간했지만 거기서 멈추지 않고 끊임없이 더 나은 미래를 시각화하며 글을 쓰는 작가이자, 보건교사의 삶을 살고 있다. 나는 정말 운이 좋은 사람이다. 내가 가고자 하는 길과 비슷한 삶을 이미 살아가고 있는 멋진 멘토를 만나 매일 내가 성장하고 있다는 느낌을 받기 때문이다. 학생이 준비가 되어있으면 스승은 절로 나타난다더니 옛말하나 틀린 게 없다. 내가 지켜낸 시간에 대한 기특함을 하늘이 알고 도왔다고밖에 설명할 길이 없다. 스승도 필사와 시각화를 몸소 실천하는데 제자는 당연히 더 열심히 할 수밖에 없다.

오늘도 책을 쓰며 선한 영향력을 주는 작가의 삶에 가까이 가기 위해 타이핑 필사를 한다. 모니터 앞에서 타이핑 필사하는 모습은 작가가 글을 쓰는 모습과 흡사하다. 단 나의 글이 아닌 다른 작가가 써 놓은 글을 그대로 옮겨 적는 과정이라는 것인데 오히려 나는 쉽게 내 글을 쓰고 있다고 뇌를 속인다. 뇌를 잘 속이면 타이핑 필사 시간은 멋진 청사진을 뽑는 시각화의 시간이 된다. 그래서인가? 타이핑 필사를 한 후 내 글쓰기가 더 자연스럽고

쉬웠다. 잠재의식에 나의 믿음을 끊임없이 새겨 넣어야 한다. '나는 할 수 없다'라는 아무짝에도 쓸모없는 부정적 씨앗은 내다 버리고 '나는 할 수 있다'는 긍정적 믿음으로 필사를 해야 한다. 이성은 우리가 넘을 수 없는 한계를 보여주지만, 상상력은 무한한 가능성의 세상을 열어준다. 나는 매일 타이핑 필사로 미래의 나의 모습이 담긴 청사진을 뽑았다. 그리고 생생한 시각화를 했더니 진짜 작가가 되는 삶이 눈앞에 와있었다. 나는 상상한다. 내 책을 들고 환호성을 지르는 모습을! 그리고 편안하게 글 쓰는 작가의 모습을! 더 나아가 많은 이들에게 선한 영향력을 주며 살아가는 작가의 삶을!

　꿈은 이뤄서 가장 먼저 나에게 주는 선물이다. 내 꿈에 한 발짝 다가서는 삶을 살아가는 것은 중요한 일이다. 필사한다는 것은 미래의 나를 현실로 미리 가져오는 연습이다. 뮤지컬 배우들은 공연을 앞두고 완벽한 무대 연출을 위해 실제처럼 리허설 한다. 그리고 실전에 멋지게 임하며 수많은 관객으로부터 찬사를 받는다. 나는 필사를 '미래의 나의 모습을 리허설 한다.'는 기분으로 한다. 영화감독이 되어 나를 관찰하기도 하고 주인공이 되어 미래의 모습을 리허설 하기도 한다. 이러한 생생한 시각화가 필사를 이어가고 내 글을 쓰게 하는 아낌없는 지지자가 되어준다.

필사가 글쓰기 에너지 방전도 막는다

병원 일이라는 게 쉬는 시간이 따로 정해져 있지 않다. 외래 쪽 업무는 점심시간이 정해져 있었지만 내가 일했던 신생아실 3교대 업무는 끝이 없었다. 식사를 마치고 돌아오는 즉시 신생아 돌보는 일이 우선이 된다. 양치할 잠깐의 시간에도 아기들의 울음소리는 마음을 조급하게 한다. 그러면 재빨리 양치를 마치고 아기들 곁으로 가서 상태를 살핀다. 심지어 화장실을 가고 싶어도 '이 일만 마무리하고 가자' 하는 마음에 미루고 일하다 보면 방광이 터질 것 같다는 느낌이 올 때가 되어서야 겨우 다른 직원에게 부탁하고 화장실을 간 적도 있다. 이러한 업무에 반쯤 넋이 빠져 있을 때쯤 아기들의 보호자가 고생한다며 신생아실로 수줍게 넣어주시는 박카스 한 박스가 얼마나 감사한지 모른다. 박카스란 단어만 떠올려도 절로 힘이 솟아나는 듯한 기분이 들게 한다. 카페인이 어느 정도 몸에 들어가야 버틸 힘이 생긴다는 것이 조금은 서글프긴 하지만 카페인이 목구멍을 타고 몸으로 들어가는 그 순간에는 말 그대로 살 것만 같다. 박카스 한 병은 메마른 땅에 내리는 단비와 같았다. 그 잠깐의 순간에 웃으며 다시 일을 시작할 에너지가 보충된다. 살아가면서 받게 되는 작은 감사의 손길은 사람의 온정과 살아갈 맛을 느끼게 한다. 이리저리 아기들의 울음소리를 따라 움직이다 보면 등에 땀이 나는 줄도 모른다. 누가 지켜보지 않아도 현장에서 소중한 생명을 다루는 일을 한다는 것은 스스로에게도 보람이 된다. 어딘가에서 그 노고를 알아주는 단 한 사람만 있어도 위로가 된다. 고되다는 마음을 안고 일하다가도 아기들의 배냇짓 하는 미소 한 방에 눈 녹듯 사르르 잊히고 만다.

필사는 내 글쓰기에 있어서 박카스 같은 역할을 한다. 필사할 때 느끼지 못했던 감정을 내 글을 쓰면서 새롭게 느낄 때가 있다. 남의 글을 있는 그대로 따라 적는 글이 아니라 내 생각의 흐름을 글로 나타내는 작업은 알게 모르게 에너지 소모가 심하다는 것을 절실히 깨닫게 된다. 오죽하면 이 글을 쓰고 있는 지금도 입안이다 헐고 잇몸이 다 부어 있는 상태이다. 피곤한 줄 모르고 글 쓰는 재미에 빠져 있다고 생각했는데 내 몸은 거짓말을 못 한다. 그럼에도 불구하고 내게 글을 쓰는 힘을 채워주는 것은 바로 필사에 있다. 글쓰기에 고심하고 집중해 있는 동안 내 안의 에너지가 새어나가는 것을 막아주는 방풍 역할을 톡톡히 하는데 필사만큼 좋은 것은 없었다.

에너지가 넘치는 사람을 보면 덩달아 힘이 난다. 그 에너지의 힘은 강력하여 곁에 있는 다른 사람에게까지 에너지 빔을 쏘는 기분이 들 정도다. 그러한 사람들은 '자기 확신'이 있는 사람들이었다. 부정적인 생각보다 긍정적인 생각들이 더 많이 자신을 에워싸고 보호하고 있는 느낌이 든다. 그렇다 보니 어렵고 힘든 상황에서도 밝은 모습으로 주위 사람들을 살피고 위로한다. 내향적인 나는 에너지가 많이 남아도는 사람이 아니다. 사람들이 많은 곳에 다녀오면 오히려 내 에너지가 방전되는 기분이 든다. 그러면 다시 빼앗긴 에너지를 채워 넣기 위해 혼자서 음악을 듣거나 책을 읽으며 나름대로 원기회복에 힘쓴다. 때론 일정 시간을 잠을 청해 보기도 한다. 이렇다 보니 외향적인 남편과 아이들 눈엔 골골거리는 아내, 엄마의 모습이 익숙하다. 이런 나에게 변화가 찾아왔다. 필사는 내 성향에도 제격이었다. 필사를 시작한 후로 없던 에너지가 샘솟는 기분이 든다. 내 글쓰기에도 가속도가 붙어서 술술 써 내려 가는 기분이 들 때면 신나기만 하다. 내 글을 쓴다는 것은 많은 생각을 거듭해야 하고 그 생각을 글자로 하나하나 신중하게 새기는 작업이다. 한 문장이 시작되면 줄줄이 비엔나처럼 꼬리에 꼬리를 물고 글이 이어지기도 하지만 또 어떤 날은 멍하니 모니터만 응시할 때도 있다. 딱히 떠오르는 생각은 없고, 글을 써야 할 때 나는 필사를 한다. 다른 작가가 쓴 글을 그대로 옮겨 적으면서 손이 바삐 움직이는 만큼 나도 그 글 속으로 빠르게 빠져들어 간다. 몰입하여 있는 그 시간에서 느껴지는 희열감이 조금씩 나의 에너지를 채워주고 있다는 느낌을 받는다. 잡다한 생각은 들지 않고 손가락이 자판을 두드릴 때마다 '타닥타다닥' 장작이 타들어 가는듯한 소리만이 공간을 가득 채워가고 있을 뿐이다.

　나는 필사로 명상한다는 마음으로 글쓰기 에너지를 보충한다. 한 문장도 써 내려가기 힘들 때 자판에서 멀어지지 마라. 심호흡을 크게 하고 마음이 이끄는 대로 타이핑 필사를 시작해 보라. 내 손가락의 움직임을 느껴보고 자판을 두드릴 때 나는 소리에 귀를 열어라. 남의 글이지만 '나는 쉽게 글을 쓰고 있다.',고 생각하면 조금씩 마음이 안정되는 것을 느끼고, 내 글도 이처럼 쉽게 쓸 수 있다는 자신감이 스멀스멀 힘을 내기 시작한다. 이렇게 필사에 빠져 있다 보면 어느새 다시 글을 쓸 수 있는 에너지가 100%로 충전되어 있다. 나는 그 힘으로 글을 써 내려가고 있다. 필사를 내 생활에 어떻게 적용시키고 내 삶의 일부가 되게 하는지는 오로지 자신의 의지에 달려 있다는 것을 잊지 않아야 한다. 모든 일은 생각에서 출발하고 그 생각이 결과를 만든다.

　우리는 스마트 폰의 배터리가 없으면 불안해한다. 누구나 한 번쯤은 스마트 폰의 배터리가 없어서 안절부절 마음이 애타본 적이 있지 않았을까? 그 무엇인가와 단절된 기분이 든다고 해야 할까? 스마트 폰으로 결제를 하고, 사람들과 소통을 한다. 충전이 되어있지 않은 스마트 폰은 이들과 연결된 것들이 끊어진다는 것을 의미하기 때문에 불안해지는 것이다. 그 연결 상태를 이어가기 위해서 우리는 핸드폰의 충전 상태를 계속 유지해둬야 한다. 하물며 보조 배터리를 지니고 다니고서라도 충전해줘야 한다. 하지만 우리는 스마트 폰을 가까이하면서 진정한 쉼의 의미를 잊고 사는 듯하다. 쉰다는 것이 스마트 폰을 보는 일이 되어버렸다. 쉬어도 쉰 것 같지 않은 시간을 보내고 있는지도 모르겠다. 나도 스마트 폰도 쉼이 필요하다. 배터리가 닳지 않도록 잠시 전원을 꺼두는 것도 다시 세상과 이어갈 힘을 채우는 시간이 되지 않을까. 스마트 폰을 꺼두는 시간은 세상과의 단절이 아니라 스마트 폰기기와 내가 다시 세상과 제대로 소통하기 위한 재충전의 시간이 될 수 있다.

필사 또한 글쓰기를 이어갈 수 있게 하는 '쉼'의 시간이 될 수 있다. 글쓰기의 방전된 에너지를 다시 재충전할 수 있는 도구가 필사이다. 억지로 글쓰기를 끌고 가다 보면 글쓰기 배터리가 0% 가 될 수 있다. 번 아웃 상태에 빠져 다시 글 쓸 힘을 잃고 만다. 필사든 글쓰기든 단거리 경주가 아니라 장거리 경주임을 늘 가슴에 새기는 작업이 필요하다. 글쓰기를 계속하게 하는 힘은 필사에서 나온다. 엉뚱한 곳으로 새는 에너지를 막아주는 힘이 필사에 있다. 글쓰기가 어렵다고 느껴질 때 필사로 쉼의 시간을 가져보길 바란다. 필사가 곧 글쓰기를 위한 휴식시간이다. 필사를 하며 쉬는 시간이 곧 글쓰기 에너지 방전을 막아주는 동시에 다시 글을 쓰게 할 힘을 재충전하는 발판이 되어 줄 것이다.

필사는 내 글쓰기를 이어가기 위한 에너지 충전소와 같다. 방전되지 않도록 내 글쓰기의 힘을 필사로 채워가고 있다. 필사하면 보이는 것들이 있고, 글쓰기를 해서 보이는 것들이 있다. 보이지 않았던 것들을 보게 하는 필사와 글쓰기는 연속 선상에 있다. 필사를 꾸준히 한다는 것은 글쓰기에 필요한 에너지를 지속적으로 리필해주는 행위이다. 글쓰기를 하면서 소모되는 에너지의 방전을 막아주는 필사를 꾸준히 이어가는 것이 얼마나 중요한지 다시 한번 깨닫는다.

글쓰기는 쉬운 작업이 아니다. 내 글을 읽고 그 누군가가 필사와 글쓰기에 도전할 수 있다고 생각하니 반드시 초고완성의 기쁨을 누리고 싶다. 끝까지 쓰는 힘을 하루 1꼭지 필사로 채워 넣고 있다. 필사는 글쓰기 에너지 방전을 막고 재충전의 시간도 되지만 힘들고 지칠 때 나 스스로에게도 박카스와 같은 역할을 한다. 내 안에 방전된 에너지도 채워주면서 내 글쓰기도 가능하게 하는 필사는 그 어떤 것보다 강력한 피로회복제이다. 필사는 나의 박카스이다. 오늘의 나를 위해 외쳐본다.

"나에겐 회복할 힘이 있다. 오늘도 필사하자."

필사는 지행합일의 과정이다

속담 중에 '밑 빠진 독에 물 붓기'라는 말이 있다. 아무리 물을 부어도 밑 빠진 독을 채울 수 없다는 말이다. 시간이나 노력을 들여도 보람이 없는 헛된 일이 된 상태를 일컫는다. 콩쥐·팥쥐라는 전래동화에도 이와 비슷한 상황이 있다. 새어머니가 콩쥐에게 깨진 항아리에 물어 채워 넣으라는 이야기가 나온다. 힘들게 물을 길어 항아리에 부어도 물은 담기지 않고 구멍으로 빠져나간다. 이처럼 맥 빠지는 일도 없다. 아무리 애써 노력해도 보람이 없다는 것은 의욕이 절로 상실된다. 이러한 상황을 만들지 않으려면 뚫린 구멍부터 매우는 작업이 필요하다. 구멍이 뚫린 것을 알면서도 메울 생각을 하지 않고 계속 물을 붓는 것만큼 어리석은 사람이 어디 있을까? 알면 실행에 옮겨야 한다. 실행에 옮겼을 때 좋은 결과도 기대해 볼 수 있다. 혹여 결과가 좋지 않더라도 또 다른 배움이 있기 마련이고, 그것을 본보기 삼아 행동으로 옮겨가는 것이 진정한 지행합일(知行合一)의 과정이라 생각한다.

필사한다는 것은 지(知)와 행(行)이 하나가 되어 글쓰기 방법을 배워가는 과정이다. 남의 글만 주야장천 따라 쓰기만 하고 그 배움을 내 글로 적용하지 않는다면 지(知)와 행(行)이 조화롭지 않음을 의미한다. 필사에서 그치기보다 내가 배우고 느낀 것을 책으로 남기는 작업, 그리고 그것이 다른 이들의 배움으로까지 연결되어 그들도 책을 쓰게 되는 선순환의 기본이 필사에 있다. 나는 지난 시간 필사를 하면서 내 글을 쓰고 싶다는 생각만 했지 실제 내 글 쓰는 방법을 몰라 혼자 가슴앓이했다. 타이핑 필사를 하면서 익힌 글쓰기 방법을 내 글로 소화해내고 있다. 아는 것보다 더 큰 기쁨과 보람이 행하는 것에 있다는 것을 이제는 안다. 그러하기에 필사와 내 글쓰기는 앞으로도 멈출 수 없을 것 같다. 읽고, 쓰고, 배워서 널리 알리는 과정의 선순환을 필사에서 시작이 될 줄 생각지도 못한 일이지만 그 어느 때보다 나는 행복한 글쓰기를 하고 있다.

책만 읽는다고 누구나 책을 쓸 수 있는 것은 아니다. 필사만 한다고 책을 쓸 수 있는 것도 아니다. 필사에 정체되어 있지 않고 내 글도 써보고 책 쓰기에 도전하는 등 반드시 자발적 행동이 수반되어야 가능한 일이다. 필사는 내 글쓰기의 시작을 기점으로 인생 첫 책 쓰기로 옮겨 가는 과정에서 강력한 이음 선이 되어 줄 글 근육을 기르는 훈련이다. 필사는 읽으면서 자판으로 두드리는 지행합일(知行合一)의 과정이다. 읽으면서 배우고 내 글처럼 남의 글을 따라 적는 과정이기에 머리와 손이 함께 움직이는 완벽한 조화를 이루고 있다. 매일 1꼭지 필사로 지와 행이 일치된 삶으로 이어진다면 어떻게 될까? 굳이 세세히 설명하지 않아도 필사를 해보면 알게 된다. 많은 사람이 필사가 좋다는 것을 알지만 그것을 실행으로 옮기는 일은 어려워한다. 필사한다고 하면 손 필사부터 떠올리기 때문인지 시작하는 것조차 부담되는 일로 치부해 버리고 만다. 하지만 〈책성원〉에서는 자판만 두드릴 수 있으면 쉽게 필사할 수 있는 타이핑 필사를 권장한다. 글을 쓰는 방법을 필사를 통해 서서히 체화시키는 훈련을 하고 있다. '필사로 내 글쓰기가 가능할까?' 의심이 든다면 오산이다. 나 역시 필사라 하면 손으로 적는 필사를 우선으로 생각했던 사람이었기에 타이핑 필사란 것을 경험하기 전에는 물음표투성이였다. 하지만 이것을 내 일상으로 가져와 믿음으로 필사에 몰두하다 보니 어느 시점에서부터는 내 글 쓰는 재미에 흠뻑 빠지게 되었다.

내 생각이 자판을 통해 글이 되어 가는 것을 보면서 신기하면서도 나 자신이 대견스럽기까지 했다. 내 글을 쓰면서도 글쓰기 실력을 향상시킬 수 있는 방법은 없을까 하고 궁리하기 시작했다. 이러한 생각은 서평 쓰기 도전을 하게 만들었다. 서평을 하면 무료로 다양한 분야의 책을 받아 읽어 볼 수 있다. 다양한 분야의 지식을 쌓을 수 있고, 책을 읽고 느낀 생각이나 인상 깊었던 내용을 떠올리며 내 글을 쓰게 되는 것과 동시에 생각 정리를 하는 시간이 된다. 이것은 조금씩 글쓰기에 두려움을 감소시켜주는 효과도 있었다. 필사를 하며 내 글쓰기 향상에 도움이 될 만한 방법을 모색하지 않았다면 그것은 배움에서 흐름이 끊어진 행위다. 하지만 나는 필사의 연장선을 서평으로 이어 나갔다. 필사의 시작이 가져다준 가능성이 점점 더 그물망처럼 확장되어 가는 중이다. 매일 필사로 지(知)와 행(行)이 일치되는 삶을 살다 보면 자연스럽게 필사로 배운 글쓰기가 체화되기 때문에 내 글도 쓰게 되는 것이다. 내 글쓰기의 힘이 생기면 책 쓰기도 가능하게 한다. 이러한 선순환의 시작점이 바로 필사이다.

필사가 단순히 심신의 안정과 평온함을 가져온다는 생각에 그치지 말자. 쓰는 것 자체에 집중하다 보면 글 속에서 배워야 할 것을 놓치고 만다. 글의 짜임새, 문장의 형식을 음미하고 파악하는 필사를 해야 한다. 필사로 배운 것들을 내 글로 옮겨 오는 과정이 반드시 필요하다. 필사에서 글쓰기로 옮겨오면 내가 해야 할 일들이 무궁무진하다는 것을 알게 된다. 필사하며 배운 것들을 어딘가에 써먹지 못해 안달이 난다. 어떻게든 필사의 좋은 점을 널리 알리고 싶어 필사를 더 열심히 하게 된다. 필사는 머리와 손이 함께 움직이는 '지행합일(知行合一)'의 과정이다 보니 필사를 할 때 아이디어가 샘솟듯 한다. 한순간 번뜩거리며 스쳐 간 아이디어가 글감이 되기도 한다. 이러한 순간들의 경험이 반복되다 보면 필사의 매력에 안 빠질 수 없다. 가랑비에 옷 젖는 줄 모른다더니 필사는 이미 나의 일상이 되어 나와 가족에게 익숙한 풍경이다.

가족들에게 책을 쓰고 있다고 했을 때 한 치의 망설임도 없이 나를 응원하는 사람도 있었고, 돈이 안 되는 책을 왜 쓰냐고 하는 사람도 있었다. 이것은 표면적으로 보이는 내 처지를 보며 걱정이 돼서 하는 말이었다는 것을 알기에 크게 마음에는 담고 있지 않다. 그러한 반응에 섭섭해하기보다 반드시 그 결과를 보여주고 말겠다고 오히려 강한 오기가 발동했다. 필사하면 글쓰기도 가능하고, 책을 쓸 수 있다고 침이 마르게 말하는 것보다 내가 그것을 증명해내면 된다고. 그 실체가 내가 되어보겠다고 마음속으로 더 강하게 다짐했다. 나에 대한 확신으로 필사와 글쓰기를 하며, 반드시 인생 첫 책은 출간된다고 믿는다. 나의 책을 읽고 지인이나 가족들도 필사할 수 있는 계기가 되면 좋겠다는 희망을 품고 있다.

훌륭한 운동 트레이너로부터 운동의 효과에 대해 충분히 배우고 그 운동법을 숙지하고 있다고 해도 그것을 실천하지 않으면 그것은 무용지물이 된다. 알고 있는 운동의 효과와 방법을 직접 적용해 나가면 배우고 깨달은 것들을 다른 이들에게 알려주기 위해 스스로 노력하는 삶을 살게 될 수 있다. 본인 스스로가 운동 트레이너가 될 수도 있고, 운동에 관한 경험을 담은 책을 쓰게 될 수도 있다. 실천을 하게 되면 적어도 내 몸에 근육이 붙고 건강도 지켜나갈 수 있다. 더 나아가 멋진 몸매를 얻게 된다면 스스로의 만족감 또한 클 것이다. 나의 지인도 운동을 배우고 늘 실천한다. 하루라도 안하면 몸이 근질거린다고 말한다. 50세의 나이에도 적당한 근육의 날씬한 몸매를 유지하는 모습은 그 사람이 얼마나 강한 의지를 가진 사람인지 엿볼 수 있다. 배워서 실천하는 삶이 멋지다는 것은 그 사람의 열정을 있는 그대로 느낄 수 있기 때문이 아닐까? 눈빛만 봐도 그 일을 대하는 열정이 가득하다. 운동의 이유를 찾은 사람은 다른 핑계를 대지 않는다. 나 역시 필사의 이유를 찾았기에 지행합일의 정신으로 꾸준히 실천하고 있다.

지(知)와 행(行)이 일치되는 삶을 살아가는 기쁨은 읽기와 쓰기의 완벽한 조화에서 온다.

"읽고 멈춰라. 사색하고 감탄하라. 그리고 필사하라! 마지막 내가 할 일은 내 생각을 글로 쓰는 일이다."

필사로 익힌 어휘력이나 표현력을 내 글쓰기로 적용해보자. 필사하면서 펼쳐지는 상상력과 생각들의 조각들을 하나의 글로 드러나게 할 수 있다는 사실은 빼앗긴 삶의 주도권을 되찾은 기분이 들게 한다. 하루 1꼭지 필사로 배운 것을 응용하고 변형하여 나만의 글로 가져올 수 있는 능력이 내 안에 있다는 사실에 가슴이 뛴다. 필사할수록 나만의 글쓰기 노하우가 생기고 자신감도 충만해지는 것을 느낀다. 필사의 시작이 곧 글쓰기의 시작이다. 따라 쓰는 것에 매몰되어 심신을 괴롭히지 말고 반드시 내 글쓰기로 옮겨와 삶의 적용해보자. 한층 더 농도 짙은 필사의 의미를 찾게 될 것이다.

화를 다스리는 필사

내 의지와 상관없이 화가 치밀어 오를 때가 있다. 치밀어 오른 화를 제대로 풀지 못하고 화를 삼키다 보면 마음의 병이 깊어지기 마련이다. 화를 참는 것이 미덕인 양 참다 보면 화병에 걸리는 사람도 종종 보게 된다. 화가 난 순간의 나의 모습을 떠올려보자. 화가 나면 분노 호르몬이라고 부르는 '노르아드레날린'이 분비된다고 한다. 심장의 두근거림이 뇌를 울리는 것 같은 기분이 든다. 분노를 참지 못하면 손에 땀이 나고 몸이 떨리는 증상을 느끼기도 한다. 나의 경우 화를 낸 후 두통이 찾아와 괴롭힐 때도 있었다. 적정수준 이상으로 올라가 있는 노르아드레날린의 영향 때문일 것이다. 이러한 상태에서는 고운 말도 올바른 행동도 나오기 힘든 상태가 될 가능성이 크다. 화가 날 때 그 상태를 계속 이어가기보다 화를 잠재워 줄 그 무엇인가가 우리에게 절실히 필요해보인다. 드라마의 한 장면처럼 화를 주체하지 못하고 밥상을 엎어버리는 몰상식한 모습을 보이기 전에 어떻게든 의식적으로 차단할 필요가 있다. 저마다 자신에게 맞는 화를 다스리는 방법들이 있을 것이다. 운동으로 화를 푸는 사람도 있기도 하고, 애초에 대화가 안 되면 침묵을 선택하기도 한다. 이러한 행위들은 급격히 올라갔던 분노의 호르몬이 서서히 떨어지는 시간을 생각하면 어느 정도 화가 누그러지는 데 도움이 된다.

　나는 화가 나면 할 말을 다 하지 못하고 오히려 화를 마음 안에 가두게 된다. 울화통이 터진다 해야 하나? 스스로를 괴롭히는 편이었다. 화를 내면 낼수록 보지 않았으면 하는 내 모습의 바닥까지 보는 것 같아 자책하기도 하며 가슴을 친 적도 있다. 화를 어떻게 다스려야 할지 몰라 하루 종일 혼자 끙끙 앓기도 했다. 그러다 눈앞에 남편이나 아이들이 보이면 앞뒤 생각 없이 정리되지 않은 날카로운 말들을 마구 쏟아내기 바빴다. 왜 내 마음을 몰라 주냐며 감정이 앞선 말들로 가족들의 이해를 구하려니 몸에서 진액이 다 빠져나가는 기분이 든다. 화를 다 쏟아내고 난 후에는 어김없이 싸늘한 침묵과 냉랭한 기운이 온 집안을 뒤덮는다. 제대로 내가 이상한 사람이 된 듯하다. 화가 제대로 풀리지 않은 채 마음만 더 불편해졌고, 내가 조금만 참을 걸 하는 후회와 자책이 시작된다. 그러나 지금은 화를 다스릴 수 있는 아주 건설적이면서도 내게 유익한 좋은 방법을 찾았다. 그것은 바로 자판을 두드리는 필사이다.

화가 났을 때는 사람에게서 멀어져라!, 상황에서 벗어나라! 라고 조심스레 조언한다. 회가 난 상태에서 사람과 상황에서 멀어지는 방법으로 타이핑 필사를 선택했다. 필사는 내게 화를 내더라도 조금 더 똑똑하게 화를 내고 대화를 할 필요가 있다는 것을 깨닫게 했다. 무턱대고 화를 내기보다 일단 화로부터 멀어져 생각을 정리하고 대화를 시도하면 생각보다 쉽게 해결할 수 있는 일이 많다는 것을 알게 된다. 화가 났을 때 필사를 하면 어떠한 도움을 받을 수 있는지 나의 경험을 토대로 이야기를 나눠 보고자 한다.

우선, 필사에 집중하다 보면 마음이 차분해지는 것을 느낀다. 다른 이의 글이 흥분했던 마음을 조금씩 눌러준다. 눌러진 마음으로 내가 화낸 상황의 그 밑바닥을 가만히 들여다보면 그 원인이 무엇인지 알게 된다. 한숨 섞인 고민과 걱정거리도 깊은 수면 아래로 함께 가라앉는 기분이 든다. 필사하면서 그 원인을 하나씩 마음속으로 정리하다 보면 다시 대화를 시도할 힘이 생긴다.

화가 난 상태에서는 바르고 고운 말이 나오기 힘들다. 화는 마음 속에 소용돌이를 만든다. 그 소용돌이를 입 밖으로 뱉어내면 다시 내게 와 아프고, 참으면 그것은 마음의 병이 된다. 하지만 한 걸음 물러나 가만히 화의 소용돌이를 지켜보고 있으면 서서히 흩어져 한 줌 바람처럼 사라지고 만다. 필사를 하다 보면 마음의 안정과 함께 화가 잠재워지는 것을 느낄 수 있다. 필사를 하며 화의 형태가 서서히 변하는 과정을 지켜보자. 화는 필사하기 전보다 훨씬 더 순한 양이 되어있다. 화가 찾아왔을 땐 조용히 혼자 필사를 하면서 마음이 평화를 찾아갈 시간을 가져보길 바란다.

두 번째로 타이핑 필사는 자판을 두드리기 때문에 손으로 자판을 치는 그 행위 자체가 스트레스 해소가 된다. 자판을 두드릴 때 나는 '타닥타닥 타다닥' 소리는 내가 어느 정도 화가 났는지 가늠할 수 있다. 화를 품은 채 정신없이 타이핑 필사를 하며 쌓인 화를 뱉어내는 작업을 한다. 처음에는 그 소리가 크게 들리다가 어느 순간 서서히 잘 들리지 않는다. 필사에 몰입하기 시작하면 무아지경 상태에 빠진 거나 다름없어 자판 두드리는 소리가 들리지 않는다. 화가 가라앉는 속도에 맞춰 내 손 끝에 들어가는 힘도 빠지기 시작했다. 성난 호흡이 제 리듬을 찾아가듯 자판을 두드리는 소리도 숨을 고르게 된다. 이 상태를 알아차리고 필사를 마칠 때쯤이면 화는 잠자는 순한 강아지처럼 온순해져 있다. '내가 이래서 화가 났었구나. 이렇게까지 언성을 높일 일이 아니었는데.' 하는 자기반성도 하게 된다. 자판 두드리는 소리만으로도 내 마음의 화가 어디쯤 와있는지 느낄 수 있다. 화가 났을 때 내 숨소리가 거칠어지듯, 자판을 두드리는 손의 움직임과 타자 소리에도 화의 크기만큼 내 마음이 반영되어 나타난다.

마지막으로 필사는 화냈던 상황을 돌아보며 자기 성찰로 이어지게 한다. 필사하며 화를 가라앉힌 마음으로 현재 상황을 일기를 쓰듯 글로 적어본다. 글을 쓰면서 주관적인 감정에서 벗어나 객관적으로 나를 더 선명하게 볼 수 있다. 내가 화를 낸 이유에서부터 어떻게 했으면 더 좋았을지 하나하나 정리를 해나가다 보면 화가 났던 감정이 부끄럽기만 하다.

'누군가에게 화가 난다는 것은, 그 사람의 모습 속에서 나 자신에게도 있는 어떤 부분을 발견했기 때문이다. 나와 전혀 상관없는 것은 나를 흔들지 않는다. 당신은 그 사람의 무엇을 보고 자극을 받는가?'

화를 내는 대상, 상황은 어쩌면 상대방을 통해 나를 보고, 그 상황을 통해 나의 현재 처지를 보기 때문이다. 들키고 싶지 않은 나의 모난 모습의 반영이 아닐까. 내가 진짜 화난 이유를 찾아가는 과정이 필요하다. 필사는 자신에게 묻고 답하며 스스로 해답을 찾아가는 사색의 시간이다. 이 모든 자아 성찰의 과정을 글로 남겨라. 그대가 써 내려간 글은 당신의 인생 첫 책의 글감과 사례로 기록될 여지가 다분하다.

간호사란 직업은 생각보다 스트레스가 많은 직업이었다. 직장에서 생긴 스트레스를 제대로 해소하지 못하고 집으로 가져왔을 때는 사사건건 모든 것이 짜증스럽고 화를 내기 바빴다. 현관으로 들어서기 시작한 순간 눈 앞에 펼쳐지는 무질서함이 눈살을 찌푸리기 시작한다. 제 짝을 잃고 흩어져 있는 신발과 널브러진 옷가지들의 향연을 눈 뜨고 보고 있자니 깊은 한숨만 난다. 그때 눈치 없이 현관문을 열고 들어오는 아이와 만난다면 어떤 일이 벌어질 것 같은가? 나는 속사포처럼 잔소리 아닌 잔소리를 늘어놓기 시작한다. 사춘기 딸아이는 '갑자기 웬 급발진?'하는 눈빛을 하고 한 귀로 듣고 한 귀로 흘려버리는 느낌이 든다. 딸아이의 이러한 모습은 한껏 곤두서있는 내 신경을 더 자극하고 가슴 깊은 곳에서부터 응어리진 모든 짜증이란 짜증을 다 끌어안고 화를 내기 시작한다. 사춘기는 어른을 구분하지 않는다. 딸아이 머릿속에 무슨 생각이 들어있는지 알 수도 이해하기도 힘들다. 어쩜 저렇게 철딱서니가 없나 싶다가도 정리정돈을 해도 끝이 없는 집안일에 화가 사그라지지 않는다. 인체가 스트레스를 받으면 '코티졸'이란 스트레스 호르몬인 분비된다. 이 호르몬이 증가하는 상황이 계속된다면 만성피로와 면역력 기능 저하를 가져온다. 스트레스를 받고 화를 내기 시작하면 이 호르몬도 그만큼 증가한다고 보면 된다. 화를 내면 건강에 좋지 않다는 말은 거짓이 아니다. 나의 건강을 지켜내기 위해서라도 화를 줄이는 것이 건강에 도움이 된다.

스트레스가 쌓이면 신체와 정신이 예민해진다. 짜증도 늘고 화가 평소보다 더 쉽게 폭발한다. 필사를 시작한 후 수목원을 걸으며 산책을 하기 시작했다. 필사하며 글을 쓰는 데도 휴식과 체력이 필요하다 싶어 시작한 산책 겸 걷기 운동이다. 걷다 보면 우울했던 감정도 맑아지는 것 같은 기분이 든다. 나를 스쳐 가는 풍경들에 눈을 돌리며 마음의 여유를 느껴보기도 했다. 산책 후 집으로 돌아오는 발걸음은 한결 가볍고 기분마저 깨끗이 정화된 느낌이 든다. 묵은 스트레스 찌꺼기마저 날려버리고 온 기분으로 글쓰기를 하면 더 잘 써지곤 했다. 적당한 운동은 스트레스를 날려버린다. 필사하면서 시작된 걸으며 산책하기가 덤으로 화를 다스리는 하나의 방법이 되었다. 몸이 건강해지면 스트레스와 화가 적다. 건강한 신체와 정신은 필사와 글쓰기에 좋은 자양분이 된다는 것을 깨달았다.

"필사는 즐겁게! 내 글쓰기는 신나게! 인생은 나답게 살아보자!"

스트레스와 화를 완전히 제거할 수 없지만, 의식적으로 줄여나가는 지혜가 필요하다. 우리 가족은 예전보다 평화롭고 화목한 시간을 보내고 있다. 필사를 꾸준히 하면서 나 스스로 화가 줄고 스트레스를 덜 받으니 짜증 내는 일도 거의 없다. 웬만한 일은 이해하려고 노력한다. 아이들의 널브러진 방을 보고 화를 내지 않는다. 그냥 조용히 치운다. 제 짝을 찾지 못하고 헤매는 신발을 보고도 더는 한숨짓지 않는다. 조용히 짝을 맞춰 정리하면 그만이다. 어른의 시선으로 바라본 내 아이의 세상은 그들 나름의 거침과 소란스러움을 감추고 있을지 모른다. 내 아이가 지켜내야 할 세상에는 어른 못지않게 인내하고 이겨내야 할 게 생각보다 많을지도 모른다 생각하니, 아이들을 탓하기보다 그러한 너희는 오죽 힘들까 싶은 마음이 든다. 오히려 아이들이 건강하게 내 옆에 있다는 것이 감사해 더 챙겨주려 노력한다. 남편이 조금 늦게 들어와도 전화를 걸어 언제 오냐며 닦달하기보다 '우리 네 식구 먹여

살리느라 오늘도 고생이 많네. 일이 많아서 늦나 보다'하고 가장의 무게를 생각하니 귀가 시간까지 기다려 주지 못하고 잠들었던 내가 미안하기만 했다. 마음이 태평양이 된 것 같다.

화를 다스리는 나만의 비법이 뭐냐 묻는다면 필사라고 말한다. 필사를 한 후로 내 마음도 안정을 찾기 시작했고, 가정의 평화까지 얻었다. 남편과 아이들과의 관계가 부드러워져 오가는 대화의 질이 달라졌다. 날 선 말보다 '고맙다', '사랑한다' 이런 말들이 자연스럽게 나온다. 스트레스와 화를 하나씩 제거해 나가는 연습이 우리에겐 필요하다. 쉽게 되지 않겠지만 꾸준히 필사하면서 마음을 다스리다 보면 화도 스트레스도 조금씩 사라지지 않을까 생각한다.

필사의 시작이 인생품격을 높인다

변화는 내가 하는 행동에서 일어난다. 무엇인가를 시작하지 않으면 결과는 생성되지 않는다. 마음으로만 '이렇게 살면 안 될 것 같아.', '뭔가 해야 될 것 같은데 딱히 생각나지 않아.'라고 생각한다. 지친 육아와 매일같이 되풀이되는 직장 생활에 스트레스를 받고 나의 모습이 조금씩 지워져 가는 듯한 기분이 들 때면 어김없이 스쳐 가는 생각이다. 하지만 이러한 스쳐 가는 생각에도 누군가는 그 무엇인가를 시작하는 사람이 있고, 또 다른 누군가는 내일도 똑같은 허기로 채워지지 않는 갈증으로 허우적대고 있다. 시작이 두렵다면 심호흡을 크게 하고 나의 주변과 일상을 제3의 눈, 즉 객관적인 시선으로 바라보길 바란다. 내가 지금 어떤 시간을 보내고 있는지. 그 시간이 나를 어떻게 키워주고 있는지, 지금 나의 마음은 어떤지 관찰하고 곱씹어 보며 지금의 현 상황을 이해하려는 연습이 필요하다. 그리고 내가 지금 할 수 있는 일이 무엇인지 고민해보는 것이다. 너무 거창한 계획은 시작만 요란스럽다. 나의 템포에 맞춰 하나씩 실천해 나갈 수 있는 나를 위한 계획이 필요하다. 그래야 시작이 즐겁다.

새벽 기상을 하며 독서와 필사는 내 의지만 있다면 가능한 일이었다. 시작에 부담이 없었고, 어제보다 오늘 더 단단해진 나를 만나는 시간이라 생각하면 멈출 수가 없었다. 새벽 루틴이 쓰는 삶으로 인도해준 셈이다. 필사를 시작하면서 내 눈의 렌즈가 새롭게 끼워져 보이는 것이 달라지기 시작했다. 보는 것이 달라지니 입 밖으로 나오는 말이 달라지고, 생각이 바뀌니 행동도 변한다. 이러한 변화들이 만나는 사람도 달라지게 만들고, 내 생의 최고의 꽃 같은 날들을 데리고 왔다. 모든 것은 내 의지에서부터 시작이 되었다. 두려움과 망설임도 나의 마음에서, 시작하는 의지와 결단도 나의 마음에서 나온다. 내 마음 안에서 끊임없이 마찰하며 힘겨루기하는 두 마음 중 나는 어떤 마음을 먼저 꺼낼 것인가.

병원이란 테두리 안에 있을 때는 자주 만나고 이야기하는 사람들은 함께 하는 직장동료들이었다. 만나서 하는 이야기는 늘 병원과 관련된 이야기나, 보호자와의 마찰로 빚어진 이벤트, 혹은 다른 직장동료의 뒷담화에서 결국은 자녀 이야기, 남편 이야기로 돌아오게 된다. 이러한 대화는 하고 나면 찝찝하고 남는 게 없다. 조금만 이해하면 되는 일임에도 한 치의 양보도 없는 보이지 않는 팽팽함으로 쓸데없이 에너지 낭비를 하고 있다는 생각이 한두 번 든 게 아니다. 왜 우리는 만나면 병원 이야기, 시댁 이야기, 남편·아이들 이야기일까? 만나면 하는 이야기가 그렇게 없을까 싶다. 하지만 지금은 대화의 주제가 바뀌었다. 필사하면서 배워가는 것들과 글을 쓰면서 배워가는 것들에 흠뻑 취해 피를 토해내는 마음으로 만나는 지인들과 대화다운 대화를 한다. 필사를 제대로 시작했을 뿐인데 내 글도 쓰고, 글로 쓰게 되니 나오는 말의 흐름도 정리되어 막힘이 없다. 한마디로 대화의 품격이 달라진 것이다.

L양과 Y양은 오래전부터 알고 지낸 병원에서 만난 친한 후배이다. 결혼 후 지친 육아로 마음의 여유가 없는 후배들은 진짜 중요한 것을 잊고 사는 듯했다. 모든 것이 아이와 남편의 시간에 맞춰져 있었다. 아이와 남편에게서 오는 불평불만을 스펀지처럼 그대로 흡수하고 있었다. 그러다 보니 그 흡수력에도 한계가 온 느낌이 든다. 나 역시 다 겪어온 과정이지만 일을 하며 맞벌이까지

하려니 여간 힘이 부치는 게 아니었다. 충분히 이해는 가는 상황이었다. 나는 그런 후배들이 안타까웠다. 육아로 집에 있지만, 아직 얼마나 예쁜 나이이고 뭐든 시작하기 좋은 나이인데 삶의 주인인 '나'를 멀리하는 삶을 살고 있나 싶어 마음이 짠했다. 나는 그녀들을 위해 필사를 권했다. 후배들의 마음을 바꾸는 데는 필사가 제격이란 생각이 들었기 때문이다. 내가 새벽 기상을 하게된 계기에서부터 손 필사, 독서, 타이핑 필사, 글쓰기, 책 쓰기 등등 이야기의 주제가 여기저기로 넘나들면서 오후 1시에 만나 저녁 8시가 넘도록 이야기를 나눠도 시간이 부족한 듯 느껴졌다. 후배들은 이런 나를 대단하다며 궁금해했다. 그녀들도 40대에 들어서면서 그냥 밋밋한 하루를 보내는 것에 대해 스스로 작아진 자신을 인식하며 뭔가 변화를 원하고 있었다. 그런 후배들은 이런 내가 고맙다고 했다. 한 번도 이런 신선하면서도 긍정적인 자극을 받은 적이 없다는 것이다. 그녀들의 숨겨져 있던 의지에 불을 지핀 셈이다. 그날 약속한 것이 있다. 친목 단톡방에 각자의 패턴에 맞게 기상 시간을 인증하고 부담되지 않는 선에서 필사를 시작해 보기로 한 것이다. 나는 이들의 시작을 응원한다. 그리고 이작은 한 걸음이 진짜 나를 만나러 가는 위대한 발자국으로 남길 기대해본다. 필사하고 글을 쓰면서 달라진 대화의 품격이 불러온 기적 같은 일이다. 이 글을 읽는 당신도 필사하기 딱 좋은 나이,

그 시기를 만난 게 아닐까.

내가 필사를 하며 만난 작가들은 각자의 자리에서 고귀한 인생을 살아가고 있다. 매달 줌(ZOOM) 모임을 통해 〈책성원〉의 작가들을 만나는 날은 고품격 대화의 장이 열리는 날이다. 오전 7시에 시작해서 2시간 동안 필사를 하면서 느끼는 감정들과 글을 쓰면서 겪는 모든 일에 대해 느끼고, 배워간다. 그 날 모임에서 느꼈던 감정들을 글로 남겨주는 센스까지 겸비한 아름다운 이들이다. 어디에 가서 이처럼 성품이 좋은 작가들과 자연스러운 분위기 속에서 무게잡지 않고 깊이 있는 대화를 나눌 수 있을까 생각해본다. 지금 내가 가장 궁금한 것, 내가 듣고 싶었던 말들을 듣고 공감하는 이 시간이 진정 살아있음을 느끼게 한다. 한 마디 한 마디가 글로 남겼으면 하는 주옥같은 말들이다. 나는 필사하면서 서로에게 성장의 힘이 되어 줄 사람들을 내 삶 속으로 초대했다. 이들과 함께하니 나 스스로가 대단해진 기분이다. '와 진짜 작가들과 함께하다니 이건 영광이다!'라며 내 격이 올라간 느낌마저 든다. 내가 필사를 하면서 작가가 되기로 결심하지 않았다면 열정넘치는 작가들과의 인연도 없었겠지, 라는 생각에 고개를 절래흔든다. 이런 생각조차 하는 것 자체가 이제 나에겐 더 이상 의미없는 일이 되었다. 나는 이미 작가의 삶을 걸어가며 나의 핑크빛

로망들과 충분히 행복하기 때문이다.

내 주위를 살펴보면 내가 어떤 사람인지 알게 된다. 내 주변에 있는 사람들이 곧 나를 대신 설명해 주고 있다고 해도 과언은 아닌 듯하다. 성공한 사람들 주위에는 성공한 사람들이 많은 이유가 있을 것이다. 그들이 원하는 것을 향해 나아가면서 그 성공에 디딤돌이 되는 사람들과의 인맥 관계가 형성되었기 때문이다. 한 단계씩 원하는 꿈에 가까워지는 과정에서 맺게 되는 관계는 그에 걸맞은 사람들일 것이다. 인생을 바꾸고 싶다면 나부터 바뀌어야 한다. 내가 글을 쓰기 위한 필사를 시작하면서 내 주위에 작가들이 함께한다. 이들은 나에게 든든한 지지자요, 내 로망 같은 존재다. 내가 변하지 않으면 나의 격(格)은 절대 바뀌지 않는다. 내가 변화를 시작하면 내가 되고자 하는 결이 고운 사람들과 나의 격에 맞는 사람은 절로 온다. 필사를 시작하고 만난 〈책성원〉의 작가들이 그러하다. 내가 필사를 시작하길 정말 잘 했다고 말하는 이유 중 하나에도 이들과의 관계다. 이들과 함께 하면 코믹함이 없어도 웃게 되고, 특별한 이벤트가 없어도 공감한다. 나에게 있어 고귀한 결과 격에 맞는 사람이 되는 쉬운 길은 필사하고 글 쓰는 삶이었다. 사람에게도 결과 격이란 것이 있다. 아무나 만나지 말고 아무나 내 삶에 들이지 말자. 내가 만나는 사람은 나의 또 다른 모습이다. 그 사람을 통해서 내가 얼마나 아름다운 사람인지를 알게 된다. 결이 고운사람, 격이 비슷한 사람들과 함께 할 때 내 인생이 더 풍요로워짐을 배워간다.

필사는 나의 인생품격을 높여 주는 데 큰 은인이다. 나는 느낀다. 내가 바뀌니 내 주변에 있는 사람들도 바뀐다는 것을. 내가 어느 위치에서 무슨 일을 하느냐에 따라 사람이 달라지고 그 인생이 바뀔 수 있다는 것을 절실히 체감하고 있다. 그리고 누구보다 그 기쁨과 보람을 느끼고 있다. 내가 이 변화의 중심에 있는 산증인이다 보니 나의 지인들도 함께 이 기쁨을 누리고 싶다는 생각이 든다. 필사의 시작은 잠자는 나를 깨우고 내 인생품격을 높이는 첫 발걸음이 된다. 내가 있어야 가족도 있고, 내가 바로 서야 인생의 빛깔도 달라진다. 나는 오늘 누굴 만나 어떤 대화를 나누는 삶을 살아가는지, 내가 어디쯤 와있는지 눈 감고 생각해보길 바란다. 나에겐 필사는 내가 인생의 어디쯤 와있는지 확실히 알려주는 나침반과 같았다. 내가 왜 이러고 사냐고 나 자신을 책망하는 시간을 보내는 것보다 필사하면서 나를 찾아가는 시간이 인생을 더 고급스럽고 더 우아하게 만드는 길이다. 이것이 진정한 고품격 인생을 만드는 길이 아닐까?

필사! 긍정의 변화를 이끄는 마중물

필사는 마음의 변화를 가져온다. 필사라고 하면 단순히 '베껴 쓴다'라는 생각에서 벗어나질 못하는 사람들이 많다. 필사를 시작하면서 제일 먼저 느낀 것이 마음의 변화였다. 마음이 변화기 시작하면 좋은 생각의 씨앗이 다시 내 몸에 심어지기 시작한다. 필사는 나의 언어, 생각, 행동 전반적으로 서서히 관여하기 시작했다. 내 말, 내 생각, 내 행동에 책임지는 사람이 되게 한다. 꾸준한 필사로 '작가 마인드'가 조용히 자리 잡은 탓이다. 내 글을 쓰는 작가가 될지도 모른다고 생각하니 책임감 있는 좋은 말을 하려고 노력하게 된다. 가능하면 긍정적 생각을 유도하는 나 자신을 발견한다. 또한, 글의 가치를 알게 되면서 의식적으로 한 번 더 생각의 실타래를 풀어낸 뒤에 행동하게 된다. 매 순간 나에게 더 유리한 쪽으로 마음이 기운다.

이렇듯 필사는 한 사람의 마음과 생각을 바꿔 진흙 속에서도 잘 살아가는 법을 알려준다. 내가 앞으로 어떻게, 어떤 사람으로 살아가야 하는지 조용한 움직임으로 따라오라 손짓한다. 나는 그 손짓에 기꺼이 응한다. 나에게 좋고, 너에게도 좋고, 우리 모두에게 좋은 필사가 내 삶 속으로 찾아왔다. 진흙더미에서도 피어날 꽃은 반드시 피어나고 그대로 진흙에 묻혀 사라지는 꽃도 있다는 것을 생각한다면 나는 과감히 필사로 작가의 삶을 누리는 쪽을 선택하겠다.

필사를 시작한 후로 구름 위를 걷는 것 같은 기분으로 하루를 산다. 처음부터 이러한 변화가 바로 생긴 것은 아니다. 쓰다 보니 나도 될 것 같은 나조차 알 수 없는 무대포 정신이 나온 것이다. 다른 작가의 글을 자판으로 한 글자 한 글자 따라갔을 뿐인데 보이는 것들이 다른 언어와 다른 생각으로 나타나기 시작했다. 매일 하는 집안일에서도 의미를 찾고, 나의 현재 상황을 탓하기보다 또 다른 의미를 부여하면서 생각이 달라지기 시작했다. 청소하는 것은 케케묵은 내 마음의 찌꺼기를 버리는 연습이라 생각했다. 직장을 떠나 실업급여 수급자가 되고 책 쓰는 작가가 되는 일련의 모든 과정을 들여다보며 이 모든 일은 그냥 일어나지 않고 나를 위해 일어난다는 것을, 이미 다 약속된 일처럼 느껴지기 시작했다. 생각을 좋은 쪽으로 유도하다 보니 마음이 한결 가벼워지고, 삶을 드려다 보는 렌즈가 바뀌게 되었다. 보는 눈의 렌즈가 바뀌기 시작하면 어떤 변화가 일어나는 줄 아는가. 이전의 삶을 감사하게 되고, 앞으로의 삶이 기대되기 시작한다.

내 안에 글을 쓰고자 하는 욕망이 감춰져 있는 줄 몰랐다. 막연히 긴 글이라도 쓰고 싶은 마음이었지 책을 쓰게 될 줄은 전혀 기대하지 못했다. 내 안의 숨겨진 보석 같은 잠재성을 좀 더 일찍 발견하지 못했던 것이 못내 안타까울 지경이다. 필사하면서 나를 사랑하는 법을 배워간다. 이전에는 나를 향해 스스로 칭찬한 적이 없었다. 지금은 필사 1꼭지를 해낼 때마다, 내 글 1꼭지를 써낼 때마다 양팔을 번갈아 가며 손으로 내 어깨를 두드려주며 말한다. "현주야, 너 정말 대단하다. 이 나이에도 너에게 이런 능력이 있다니! 내가 몰라줘서 미안해. 오늘 이만큼 해냈으니 내일은 더 잘 해 낼 거야! 힘내자! 내가 너를 응원하잖아! 사랑해!"라며 아이들이 있든 없든 나에게 하는 칭찬을 입 밖으로 낸다. 필사는 자기사랑의 힘이 얼마나 중요한지 알게 한다. 내가 나를 귀하게 여기게 되니 내가 하는 일도 특별하고 신이 난다. 이 사실을 몸으로 느끼기까지 조금 돌아오긴 했지만, 필사를 하고 글쓰기를 하며 자기 사랑의 가치를 배워가는 시간이 어느 따스한 봄의 햇살을 닮아 매일이 따스하고 정겹기만 하다. 귀한 나를 찾아온 모든 것들에 발 벗고 귀한 대접을 해 줘야.한다는 것을 너무 늦게 깨닫지 않아 다행이다.

마음과 다르게 말이 자꾸 부정적으로 나올 때가 있다. 딸아이들의 시험 기간이 되면 덩달아 나도 예민해졌다. '조금만 더'라는 욕심이 조바심을 내게 한다. 내가 공부하는 것도 아닌데 자꾸만 아이들을 향해 "요즘 공부는 잘돼?", "잠이 그렇게 많아서 무슨 공부를 한다니?", "공부도 때가 있다. 할 거 다 하고 무슨 공부를 한다고. 정신부터 개조해야겠다."라며 응원의 말보다 오히려 아이에게 스트레스가 가중될 말들만 늘어놓았다. 나름대로 열심히 하고 있다 하지만 영 내 마음에 들지 않는다. 공부는 잘 되어가고 있냐고 물으면 엄마가 알기나 해? 하는 눈빛으로 짜증 내고 귀찮아한다. 그럴 때면 덩달아 내 마음도 상처의 칼날에 복수하듯 "너네 그런 식으로 공부하면 될 것도 안 돼."하고 또다시 가시 돋친 말이 툭 나간다. 이렇게 뱉어낸 말은 나 스스로를 아프게 하는 말들이었다. 심지어 이런 말을 하는 내가 무슨 엄마 자격이 있나, 싶은 생각에 다시 한번 더 속이 쓰리기만 하다. 사회에 나와 직장을 다니고 부모가 되어서야 공부가 제일 쉽다고 말한다지만 나 역시 중, 고등학교 시절 공부가 좋았던 것은 아니었다. 꾸역꾸역 공부한 것은 다른 친구들도 다 하니까 했다. 그것이 당연하다고 생각했다. 하지만 우리 아이들은 달랐다. 있는 그대로 내 아이를 인정하려 들지 않으니 눈에 들어간 모래알처럼 자꾸 마찰이 생겨 매 순간이 아팠다. 필사는 딸아이들에게서 한 발짝 물러나 지켜볼 줄 아는 마음의 여유를 준다. 내가 조바심으로 애태웠던 시간은 내 마음이 불안해서다. 다른 아이들보다 뒤처져 갈까 봐 불안했던 마음이 그대로 말에 투영되어 나온 것이다. 딸들은 자기만의 속도로 가고 있을 뿐인데 다른 아이들의 속도에 맞추려다 보니 내 마음의 조바심만 키운 셈이다. 이 조바심이 올라올 때마다 필사한다. 필사하면서 마음이 편안해지고 나를 돌아보는 시간을 가져봄으로 인해 한 걸음 물러서는 법을 배웠다. 아이들의 마음을 이해해보려고 노력하게 되었다. 딸아이들이 집으로 오면 "힘들었지? 수고했다. 예쁜 내 새끼." 하며 안아준다. 그러면 딸아이는 은근히 싫지만은 않은지 밀어내지는 않는다. 긍정적인 마음이 긍정적인 언어로 나오게 된다. 이렇게 딸아이들에게 말하고 나면 세상 부러울 것 없는 귀하고 소중한 딸이다. 애들이 돌아오는 시간에 맞춰 먹을 음식을 준비한다. 바쁘다는 이유로, 귀찮다는 이유로 배달음식으로 끼니를 때우기 일쑤였다. 하지만 깨달았다. 엄마의 정성이 담긴 밥 한 끼가 한마디 말보다 힘이 된다는 것을. 밥을 차려주며 이런저런 이야기가 자연스럽게 나온다. 생각해보면 자녀와 가까워지는 비결은 내 마음을 비춰주는 거울 같은 필사에 있었다. 내 마음 하나 다스리지 못하면서 자녀를 내 울타리 안에서 통제하려 들었다니 얼마나 어리석었던 마음인지 배워간다. 필사는 오래전부터 쌓여있던 마음의 먼지를 닦는 훈련이다. 세월 따라 내 몸에 덕지덕지 달라붙어 나를 괴롭히던 케케묵은 먼지 같은 마음을 닦아 내는 일이 바로 필사였다. 마음의 먼지를 닦는 일의 시작은 생각보다 쉬운 곳, 필사에 있다.

필사는 우리 삶의 긍정적 변화를 이끄는 마중물이 되어 준다. 필사하기 전에는 긍정적으로 생각하려고 노력해도 어쩔 수 없이 파고드는 나쁜 생각의 꼬리를 놓아 줄 수 없었다. 이상하게도 나쁜 생각의 시작은 왜 그리 끝이 없는지 하나의 나쁜 생각은 물꼬를 튼 양 마구잡이로 물길을 만들어 뻗어간다. 처음보다 더 큰 산더미 같은 부정적 감정과 생각으로 자유롭게 활개를 친다. 이런 상태에서는 좋은 말이 나갈 리가 없고, 좋은 행동이 따를 수도 없다. 하지만 필사는 마음의 소리를 듣게 하고 그 소리에 뒤따라가며 긍정적인 자아상을 만들어 간다. 필사하면 억지로 긍정 회로를 돌리려는 마음보다 저절로 내 생각과 행동이 좋은 쪽으로 움직이게 된다. 더 나은 생각과 행동이 나를 진짜 어른으로 만들어

가고 있다. 나이가 먹는다고 다 어른이 아니지 않은가. 어른답게 말하고 행동하는 법을 필사와 글쓰기로 배워가고 있다. 긍정의 힘은 다른 사람들에게 미치는 영향이 상당하다. 내가 필사의 중요성을 말하기 시작하면서 내 가족과 지인들의 변화를 보면서 가슴이 벅차다. 필사를 시작한다는 것은 긍정적 자아를 만나러 가는 문을 열었다는 것이다. 그렇게 징검다리가 되는 필사를 하다 보면 마음의 변화가 일고 생각은 긍정적으로 바뀌어 간다. 필사는 나를 필사 예찬론자로 만들었다. 힘든 일이 있거나, 우울하거나. 기분전환이 필요할수록 꼭 필사를 시작해 보라고 권한다. 필사는 내 기분이 맑으면 맑은 대로 흐리면 흐린 대로 나의 마음을 알아간다. 자신의 마음을 알아차린다는 것은 '앞으로 내가 이러면 안 되겠구나.' 하는 생각을 하게 한다. 이러한 알아차림이 반복되다 보면 말과 행동이 조금씩 변화되기 시작한다. 내 삶의 모든 긍정의 변화를 이끄는 마중물이 되어 준 필사를 어찌 사랑하지 않을 수 있으랴!

Part 5

삶이 꼬일수록 필사로 인생혁명하라

매일, 필사란 씨앗을 뿌려라

삶의 정원에 '필사'라는 씨 뿌리기를 한다. 필사의 씨앗이 글의 뿌리를 내리면 인생 첫 책이라는 꽃을 피운다. 필사의 씨앗은 거대한 생각을 품고 있어서 어떤 책으로 피워 낼지 기대하는 삶을 살게 한다. 소가 우직하게 밭을 갈아내듯 나만의 인생 정원에 필사의 씨앗을 뿌렸더니 어느새 책 한 권, 두 권의 꽃봉오리가 맺혀 세상을 향해 피워 낼 준비를 한다. 세상에 '책 꽃'이 활짝 피어 그 본연의 모습을 드러낼 때 얼마나 감격스럽고 아름다울지 생각하면 필사도 글쓰기도 멈출 수 없다. 마치 폭주하는 특급열차에 올라탄 기분이다.

나는 글을 쓸 운명이었나 보다. 될 일은 어떻게든 된다더니 글 쓰는 삶을 살게 될 줄 누가 짐작이나 했을까? 운명 같은 글쓰기를 위해 오늘도 필사하며 씨 뿌리는 작업을 멈추지 않고 있다. 나의 아름다운 인생 정원에 각양각색의 인생 '책 꽃'이 앞다투어 피어나 작가의 정원이 되어간다. 당신의 인생 정원에는 어떤 씨앗을 뿌리고 있는가? 나는 어떤 꽃의 주인인가? 작가의 인생 정원에는 '책 꽃'이 한가득 피워 낼 준비로 분주하다.

중학생 시절 즐겁게 그림을 그리던 미술 시간이 생각난다. 풍경화를 그리기 위해 교복을 입은 단발머리 소녀들이 운동장 가장자리에 듬성듬성 놓인 벤치로 삼삼오오 모여 앉았다. 플라타너스가 만들어준 그늘을 벗 삼아 친구들은 그림 그리기에 여념이 없다. 그림 솜씨는 뛰어나지 않았지만, 아무것도 없는 새하얀 도화지 위에 또 다른 세상이 그려진다는 것이 설레고 좋았다. 그림을 그리기 전 내 눈앞의 풍경을 관찰한다. 푸른 바다의 하얀 파도 같은 구름, 교정 내 심어진 짙은 연둣빛의 플라타너스 나무들, 목석같이 서 있는 학교 건물들을 바라보면서 그림에 담을 풍경을 미리 머릿속에 그려본다. 구도가 잡히면 조용히 자리를 잡고 흰 도화지에 쓰으윽—쓱 4B연필로 스케치 작업을 한다. 스케치가 마무리되면 내 눈을 통과해 들어온 풍경의 색들을 실제에 가깝게 구현해내기 위해 색색의 물감을 옅은 색에서 짙은 색으로 입혀 가며 내가 그리고자 했던 풍경을 완성해 나간다. 풍경화를 그리는 동안 내 안의 무수히 많은 또 다른 나를 만난다. 필사는 그림 그리기와 닮았다. 스케치하듯 힘을 빼고 필사하며 글 힘을 키워간다. 필사로 내 안에 꿈틀대는 예술성을 만난다. 대충 그려낸 스케치하나로 그림의 완성작을 짐작하긴 어렵다. 스케치에 물감을 입혀명암을 주고 세밀해지는 과정을 통해 작품이 탄생한다. 필사는남의 글에서 내 글로 옮겨 가는 자연스러운 과정을 통해 책을 쓰게 하고 내 안의 예술 감각을 자극한다. 스케치도 필사도 내 안의예술성을 끌어내기 위한 밑 작업이다.

꾸준한 필사가 글쓰기의 잠재성을 깨운다. 모든 사람은 예술가로 태어났다. 오랫동안 그 예술적 감각이란 것이 나와는 무관하다고 생각했다. 그리고 쓰면서 내 안의 잠재성을 발견해 나간다. 같은 풍경을 그려도 저마다의 개성이 느껴지는 풍경화가 완성되듯 같은 주제를 가지고 글을 써도 작가가 그려낸 글의 풍경은 다르다. 나란 사람이 유일하기에 여러 권의 책을 쓰더라도 쓸 때마다 다른 느낌, 다른 색깔의 책이 나올 것이다. 이것이 진짜 글쓰기의 매력이 아닐까. 필사의 씨앗을 최대한 많이 뿌려라! 거둬들이는 책 쓰기의 수확도 많아질 것이다. 필사는 글쓰기로 이어져 구도자의 삶으로 초대한다. 골백번을 생각하고, 수천 번을 따라 써도 오늘의 글쓰기와 내일의 글쓰기는 절대 같은 글이 나올 수 없다. 오늘의 나는 어제의 나보다 깨달은 자이다. 오늘의 나는 절대 내일의 나와 같을 수 없다. 매일 1꼭지의 필사에 하루 치의 앎이 더해지고 곱해질 때마다 꿋꿋하게 앞으로 나아가는 필력이 생긴다. 필사의 씨앗을 뿌리며 내 길을 찾아가는 여정에 글이 있어 더는 외롭지 않다.

필사하는 시간에 정성을 담는다. 귀한 이를 대접하듯 손을 가지런히 자판 위에 올려놓는 예절에서 필사가 시작된다. 행색이 보잘것없이 남루하다고 해서 푸대접하면 할수록 좋은 글쓰기는 시작할 수 없다. 매일 하는 필사가 때로는 귀찮고 마음에 내키지 않더라도 내 귀한 마음 하나 낸다면 필사를 못 할 것도 없다. 내 집에 귀한 손님이 오는 날은 집 안을 깨끗이 하고 마음도 정갈하게 하여 맞이한다. 그래야 찾아오는 이도 맞이하는 이도 하하 호호 소박한 담소에 편안히 머물다 가며 다음 만남을 기약한다. 필사하는 시간은 나를 귀한 사람으로 살게 한다. 이러한 이유로 매일 찾아오는 필사 손님을 버선발로 뛰어가 맞이한다.

필사는 내 안의 또 다른 나를 만나게 한다. 그림을 그리는 일처럼 필사하는 동안 미처 몰라봤던 나의 모습과 마주한다. 끈기 있는 나, 노력하는 나, 포기하고 싶은 나, 잘난 척하고 싶은 나, 고심

하는 나 등 '있는 그대로의 귀한 나'를 필사를 통해 만나게 된다. 귀함이 나로부터 시작이 되면 내 주위를 둘러싼 모든 것들도 귀하지 않은 것이 없다. 온전히 귀한 나로 존재할 때 나를 찾아오는 이들에게도 귀한 마음 한 조각 내어줄 여유가 있는 법이다. 하루한 꼭지 필사에 진심인 나는 작가들의 생각 지도를 따라 산책하듯 글머리와 글꼬리를 이어가며 필사에 빠져든다. 필사하면 내면에서 들려오는 소리에 귀를 기울이는 법을 배운다. 겁먹지 말고 지금처럼 나를 귀히 여기는 마음으로 끝까지 완주하라며 강한 믿음을 준다. 내가 책을 쓰면서도 필사를 이어가는 이유는 끊임없이 나를 향해 들려주는 내면의 목소리 때문이다. 내면의 목소리를 따라가면 'Only One'인 나를 만난다. 필사 하나로 세상에 하나뿐인 귀한 나를 만나고, 지금은 'Number One'의 나로 살아가는 삶의 지혜를 하나씩 배워간다. 내 인생 최고의 귀한 손님은 필사이다. 매일 만나도 지겹지 않은 필사가 나를 귀한 사람으로 다듬어가고 있다. 길가의 수많은 돌멩이 속에서도 옥석을 가려낼 수 있는 혜안을 준 필사 덕분에 마흔 중반에 찾아온 평지풍파(平地風波) 속에서도 나를 곧고 바르게 세워 중심을 잃지 않고 살아가는 힘을 얻게 되었다. 필사는 강한 바람이 제아무리 꽃대를 흔들어대도 뿌리째 뽑히지 않는 힘이 되어준다.

필사의 시간을 견디는 법은 놀이공원에 간 아이들처럼 즐기는 것이다. 필사를 어린아이와 같은 마음으로 즐겨보라. 놀이공원에 가면 휘황찬란한 놀이기구들 앞에서 입이 쩌-억 벌어진다. 놀이기구를 타다 보면 그동안 맘껏 소리 내지 못했던 내 안의 외침을 웃음과 비명에 가까운 고함으로 대신해 밖으로 토해내다 보면 가슴이 뻥 뚫리는 듯하다. 아슬아슬 롤러코스터를 타며 심장이 떨어졌다 붙었다 하는 스릴마저 기꺼이 감수할 용기가 생긴다. 필사는 다른 작가의 글들로 채워진 놀이공원이다. 돈을 지불하지 않고 무료로 매일 자유 이용권의 혜택을 누리면 그만이다. 글들이 주는 즐거움과 스릴을 온몸으로 느끼며 일심동체가 되어 필사하다 보면 두려움은 사라진다. 필사의 씨앗을 매일 심다 보면 남의 글 속에서도 싹이 돋아나기 시작한다. 남의 글 속에서 힘껏 돋아난 내 글쓰기는 단단하고 강인하다. 내 글이 아닌 다른 작가의 글 속에 풍덩 빠져 오늘도 씨앗을 뿌린다는 마음으로 작가의 생각을 따라 필사에 날개를 단다. 필사를 즐기는 자가 글쓰기의 참된 가치와 기쁨을 누릴 줄 안다. 필사는 내 글쓰기의 연장선이다. 글쓰기의 두려움을 필사로 덜어내 책 쓰기까지 가보자. 꾸준한 필사는 내 글쓰기의 부담을 줄여주고, 글쓰기의 최전선에 이르게 한다. 필사를 즐기는 마음으로 시작해 내 글을 쓰겠다는 의지로 독려하는 필사를 하길 바란다.

필사의 시간은 글쓰기를 위한 황금 같은 시간이었으며, 필사를 하는 나는 황금 같은 인생을 선물 받았다. 앞으로 내 인생 정원에 피워질 '책 꽃'들을 위해 매일 필사하며 인고의 시간을 견뎌낼 내면의 단단함이 생겼다. 뿌린 대로 거둔다 했다. 필사의 씨앗이 남의 글 속에서 싹을 틔우지 못한 것은 오직 나의 게으름 탓일 게다. 남의 글 속에서도 새싹이 돋아나게 하고 내 글쓰기로 뿌리를 내려 힘차게 위로 올라갈 힘을 기르는 기초훈련이 필사다. 필사의 씨앗을 부지런히 심어서 남의 글 속을 관통하여 내 글쓰기로 새싹을 돋게 하라. 당신만의 인생 정원에 눈부시게 아름다운 '책 꽃'들이 피어나게 하라. 나는 한 아름 '책 꽃'을 안고 작가의 인생 정원에서 생의 마지막 순간까지 즐길 테다. 이제 죽어도 여한이 없다는 말은 내가 이루고자 하는 것을 가졌으니 더는 미련이 없다는 또 다른 속삭임이다. 내가 이 세상에 남겨 줄 지적재산이 있다는 사실이 기쁘고 황홀할 지경이다. 내가 타이핑 필사를 알게 된 것은 귀한 행운이었다. 가장 적합한 시기에 가장 좋은 방법으로 최고의 선물을 가져다준 필사를 추앙하며 삶을 살아갈 것이다. 자, 이제 시작이다. 손을 풀고 자판을 두드려 보자. 꾸준한 필사가 당신의 삶을 쓰게 하고 작가의 최전선으로 뛰어들게 한다.

필사로 내 삶의 주인공이 되고!

'인생은 한 편의 영화다'라고 했던가? 나는 한 편의 영화를 찍고 있는 주인공이다. 아직도 나는 인생의 클라이맥스 부분에 도달하지 못했다. 굽이굽이 세상의 풍파 속에서 부서지는 파도들의 날카로운 파편들을 온몸으로 맞아가며 생채기가 난 마음들을 하나하나 꿰매어 가며 살뜰히 보살피고 있는 마흔 중반의 글 쓰는 작가일 뿐이다. 인생의 전반부는 부모님의 그늘아래 참 속 모르고 살아왔던 시간이었다. 노부모를 모시던 부모님의 청춘이 얼마나 고되었을지 짐작할 수 있는 나이가 되었다. 청춘의 꽃이 막 피려 할 좋은 시절 나의 부모님은 22살의 나이에 가정을 이루었다.

그리고 1남 3녀를 슬하에 두고 밤낮을 잊고 농사일에만 몰두하신 내 부모의 그늘이 그때는 왜 그리도 고되게만 느껴졌을까? 바쁜 농사일이 내 일이 되어 올 때는 부모를 원망했고, 농부의 딸이 아닌 친구들이 마냥 부럽기만 했다. 하지만 이 나이 될 때까지 내가 살아 낸 힘은 내 부모를 통해 본 삶의 간접체험 덕분이다. 고된 농사일을 바람이 부나, 비가 오나 자식들 건사하기 위해 모진 비바람도 이겨내며 살아내는 모습이 내 안에 한 편의 영화 속 명장면으로 새겨져 있다. 자식은 부모의 품 안에서 살아가는 법을 익히고, 삶의 지혜를 얻는다. 부모의 그늘에서 벗어나 인생 중반부에 들어선 지금의 나는 여전히 삶의 시행착오를 반복하고 있다. 내 부모가 가장 치열하게 살아낸 시간에 절로 고개 숙여지는 이유는 부모의 삶을 넘어설 자신이 없기 때문이다.

　40대 중반, 나의 부모가 치열하게 지켜낸 그 시간의 어느 한 지점에 와 있다. 한 번도 네 자녀의 등록금을 미룬 적이 없던 내 부모의 피와 땀방울을 생각하면 정신이 번쩍 든다. 내가 글을 쓰게 되었다고 말했을 때 부모님은 "좋지, 좋고말고. 글을 쓸 수 있다면 좀 좋아."라며 짧은 말로 대신하셨다. 그 말에 감사했고, 눈물이 맺혔다. 거창한 응원은 아니지만 나는 안다. 짧은 말 한마디에도 부모만이 줄 수 있는 자식을 향한 응원과 진심이 내포되어 있다는 것을. 내가 그 마음을 알아차릴 만큼 나이를 먹었다는 것은 조금은 씁쓸하면서도 다행이다 싶다. 이 만큼 나를 키워 낸 그 모진 시간 청춘은 소리 없는 메아리가 되어 사라졌다. 소리 없이 사라져간 청춘의 시간을 다시 살고 있는 기분으로 필사를 하고 글을 쓴다. 내 인생 영화의 주인공인 '나'는 새로운 인생 2막을 시작하려고 한다. 새로운 길이 열렸다는 것은 새로운 삶의 역사가 기록된다는 것이다. 영화는 이제 다시 전환점을 맞이하여 스토리가 다시 쓰여지고 있다. 내 삶의 주인공인 나, 얼마나 더 멋진 인생을 그려낼지 마지막까지 주인공의 편에 서서 응원하고 지지자가 되어줄 것이다.

살아있다는 것은 단순히 호흡하는 것 이상의 가치가 있는 일이다. 매일 눈을 뜨고 숨을 쉰다고 살아있다고 착각하지 마라. 살아있다는 것은 내 인생의 주체적인 삶의 테두리 안에 '나'란 사람 있는가? 의 고민이다. 내가 필사를 하고 글을 쓰기 전까지는 나름대로 나 자신에게 부끄럽지 않은 인생을 살고 있다고 자부했었다. 하지만 그건 나의 엄청난 착각이자 허황된 생각에 지나지 않았다. 내가 얼마나 생각 없이 살아왔는지, 부모가 자식을 낳고 기르는 데 있어 먹여주고 재워주는 일이 전부가 아니듯 나를 데리고 사는 일에도 끊임없는 열과 성의를 다했어야 한다. 나의 부모님은 자신을 돌보기보다 자식을 위해 살아낸 시간의 크기가 너무나 컸다. 그러하기에 나의 글쓰기에도 무조건 응원한다. 자신은 자식을 키워내느라 바빴었지만 내 자식만은 드넓은 세상을 향해 원하는 꿈을 온전히 펼쳐나갈 수 있길 바라는 것이 부모의 진짜 마음일 게다. 필사를 하며 깨달았다. 나의 자녀에게도 내 부모와 같은 보이지 않는 마음의 끈을 항상 놓지 않고 있어야 한다는 것을.

　필사의 시간은 내 안의 목소리를 듣는 시간이다. 무작정 따라써 내려가는 글 속에서 나의 인생을 되돌아보고 지난 삶의 모난 구석도 들여다보게 되는 마음의 눈이 생겨났다. 마음의 눈으로 더듬어 올라가니, 내 인생에도 차마 말하고 싶지 않고 들키고 싶지 않았던 상처들을 한 아름 품에 안고 자라기를 거부하는 내면 아이가 내 속에 살고 있었다. 오랜 세월 자신을 찾아와 주길 바라며 기다려 준 내 안의 또 다른 자아가 보였다. 아내로 엄마로 살아내는데 급급한 나머지 내 안에서 상처투성이로 웅크린 채 살아가는 '작은 나'에게 사랑을 주지 못했단 것을 알았다. 겉은 멀쩡해 보여도 속은 문드러져 제대로 살고 있지 않았다. 필사는 이런 나라도 괜찮다며 어깨를 토닥이며 화해의 시간을 마련해준다. 다듬어지지 않은 인간 본연의 나를 발견하는 시간이 필사다. 필사를 시작하지 않았다면 만나지 못했을 나, 아직 여전히 상처는 아물지 않았지만, 서서히 글로서 한 땀 한 땀 벌어진 상처들을 봉합해 나가는 중이다. 내가 내 인생의 진짜 주인공으로 살아가기 위해서는 미처 돌보지 못한 내 안의 어린 자아를 만나는 일부터 시작된다는 것을 뒤늦게 알았다. 기억 저편에 잊혀진 나의 어린 자아를 찾아가는 시간이 필사를 이어가는 시간이었고, 어린 자아를 달래주고 위로하며 화해하는 시간은 글 쓰게 한 시간이었다. 숨을 쉬며 살아갈 수 있는 오늘 또 하루를 내게 허락한 이유는 어제까지도 들여다보지 못한 내면의 어린 자아를 만나는 기회를 주기 위함이다. 나이와는 상관없이 성장이 두려워 멈춰있는 내 안의 숨은 자아의 손부터 잡아주는 일이 내가 가장 먼저 해야 할 일이었다는 것을 필사가 답해주었다. 진정한 나로 살아가기 위해 반드시 한 번쯤 거쳐야 할 시간, 필사는 당신에게 필요한 답을 줄 것이다.

자식에게 물려 줄 큰 물질적 재산은 없다. 그러나 나만이 줄 수 있는 지적재산이 생겼다. 그것은 바로 '내가 쓴 책'이다. 딸들은 나의 책을 읽으며 엄마의 발자취를 따라가며 한 번쯤 자신 안의 또 다른 자아를 만나는 날이 올 것이다. 나처럼 느닷없이 찾아온 인생의 희비가 교차하는 시점에서도 굳건히 버텨 낼 힘을 내가 쓴 책 안에서 찾아낼 것이다. 삶의 위기가 찾아왔을 때 나의 글이 큰 위로가 되길 바라며 글에 진심을 담아본다. 딸아이들에게 하는 말이 길어질수록 잔소리가 된다는 것을 안다. 잔소리 대신 내 마음이 담긴 책을 인생에 남겨준다면 내 자식만큼은 남들보다 더 주체적인 삶을 살아가는 데 큰 힘이 되어 줄 것이라고 믿는다. 인생의 주인공으로 살아내는 일에도 얼마나 많은 물음표를 던지고, 느낌표로 알아채며, 마침표를 찍어내는 과정이 필요한지 엄마가 쓴 책을 통해 경험하게 될 것이다. 엄마가 쓴 책을 통해 자녀가 책과 가까이하는 삶을 살게 된다면 얼마나 좋을까?

필사를 가족에게 강요하지 않는다. 매일 필사하고 글을 쓰는 모습을 보여 줄 뿐이다. 이것이 내가 줄 수 있는 진짜 선물이다. 내 인생의 진정한 주인공으로 살아가는 모습이 어떠한 것인지 말로 하기에는 한계가 있다. 보고 느끼면 몸은 마음의 소리를 따라간다. 당장은 엄마가 왜 필사를 하고 글을 쓰는 이유를 모를지라도 조금씩 노출시킨 그 시간들은 반드시 은연중에 다시 찾게 될 것이라 믿는다. 필사의 흔적이 고스란히 담긴 책 한 권을 쓰기 위해 내 몸에서 진액이 다 빠져나가는지도 모르고 의자에 앉았다. 다람쥐 쳇바퀴 돌 듯 오늘 하루를 살고, 다시 똑같은 내일을 살아가는 것이 무슨 의미가 있을까? 오늘 하루 지켜 낸 내 자리가 나를 대신하여 인생과 싸워줄 수 없다. 직업도 직급도 그 자리에 있을 때나 나를 대신 말해주는 명함에 불과하지 떠나면 아무것도 남지 않을 허상임을 나는 이미 안다. 필사로 내가 누구인지 알아가고, 글을 쓰며 인생을 다시 쓰는 법을 배워간다. 당당한 내 인생의 주인공으로 살아가는 것은 내면의 어린 자아도 함께 어른이 되어 성장해야 한다는 것을 필사하고 글 쓰는 삶에서 배웠다. 할 수 있다면 필사를 시작해 보라. 여전히 당신의 어린 자아는 아프다. 그리고 당신이 오길 기다리고 있다.

필사를 시작하면서 달라진 내 모습이 낯설 때가 있다. 나도 모르는 사이 필사를 이야기하고, 글 쓰는 삶에 관해 이야기하고 있다. 그리고 말이 설득력 있게 술술 나온다. 내가 경험해본 것이기에, 내가 알고 있는 것이기에 대화에도 솔직해질 수밖에 없다. 좋은 것을 함께 나눠주고 싶고, 그것을 함께 하고 싶은 마음을 어떻게 하면 잘 전달할 수 있을지 고민할 정도니 단단히 병이 난 것이 틀림없다. 이내 마음을 고쳐먹는다. 어느 한 분야에서 큰 성공을 거둔 이들은 쉴 새 없이 이렇게 하면 된다, 저렇게 하면 된다며 침이 마를 새 없이 떠들어댄다. 이유가 무엇일까 생각해봤다. 그것은 본인이 경험해봤고 깨달았기 때문에 긍정적이고 선한 영향력을 당당하게 본인이 주체가 되어 외치고 있는 것이다. 그것이 사명임을 알고 행동으로 옮기고 있는 진짜 주인공의 모습이다. 책을 쓰기 시작한 후로 나의 인생 리더 N 작가의 마음이 보인다. 필사와 글쓰기의 중요성을 몸으로 겪으며 그것이 하나의 사명이 되어 아낌없이 주는 나무를 자처했다. 나 역시도 그러한 길을 가려고 마음이 소리를 내고 있나 보다. 사명이라니! 예전에는 생각조차 할 수 없었고, 나와는 상관없게만 느껴지던 '사명'의 의미를 이제야 조금은 알 것 같다. 이 글을 읽고 있는 당신은 어떤 사명을 안고 오늘을 살아가는가? 당신 인생의 진짜 주인공이 당신이 맞는가? 필사를 시작하기 전에는 하루의 시곗바늘이 늘 가족과 직장을 향해 있었다. 나를 향한 질문과 답은 없었다. 내가 주인공이 되어 살아가는 삶은 멀리 있지 않다. 필사는 내 삶의 주인공으로 살아가는 법을 스스로 찾게 했다. 누군가에게 나눠 줄 것이 있다는 것은 삶을 풍요롭게 만들고 내가 꼭 필요한 존재임을 느끼게 한다. 필사로 나를 찾고, 나를 찾아가는 시간의 여정을 글로 써라. 글로 새겨진 삶이 곧 책이다. 글로 남겨진 당신의 책은 당신을 기억하게 할 것이다. 자녀에게 글로써 자신의 존재를 느끼고 이해하게 하라. 필사의 한 걸음이 만들어 낸 기적 같은 변화의 주인공이 바로 '나'이다.

필사해서 누군가의 꿈이 돼라

자판 필사를 한다고 작가가 될 수 있을까? 생소하면서도 신선한 이끌림 그리고 의문투성이의 필사가 내게 처음부터 심장을 관통할 만큼 확 꽂힌 것은 아니었다. 긴 글 쓰는 법은 배워야 한다는 마음에 '일단 시작해 보자' 하는 생각으로 필사에 한 걸음 다가섰다. 필사해서 다 작가가 될 것 같으면 이 세상에 작가가 되고자 하는 사람은 벌써 되고도 남았겠지, 하는 의문스러운 마음도 가졌던 것이 사실이다. 작가가 그리 쉽나? 아무나 되는 게 아닌데 내가 가능이나 할까? 싶었다. 왜냐하면, 긴 글 쓰는 법이 궁금했었지 책까지 쓰는 작가는 솔직히 먼 나라 먼 이웃 이야기 같이 느껴졌기 때문이다. 그러나 N 작가는 나를 처음부터 작가가 될 사람으로 바라봐주었다. 필사를 매달 15일 이상하면 공저를 쓸 자격이 주어진다는 이 말에 '내가 책을 쓴다고?', 라며 흠칫 놀랐다. '아, 여기서 필사를 꾸준히 잘만하면 글도 쓰고 책도 내는 작가가 되겠구나.' 하는 막연한 기대감이 생겼다. 괜히 내가 대단한 일을 시작한 사람 같았다.

필사하면 할수록 진짜 내가 이러다 작가가 되는 것은 아닐까? 하는 기분 좋은 두려움과 설렘이 공존하기 시작했다. '이거다!'하고 틀린 문제의 답을 찾아가는 필사 여정은 자기 해방의 카타르시스를 안겨주었다. '나도 되는구나!' 하고 무릎을 탁! 치게 되는 맛을 누가 알아주려나. 소용돌이치는 급물살에 휩쓸려가는 듯한 필사의 시간이었다. 필사는 글을 쓸 수밖에 없는 상황으로 나를 몰아세우고 있는 듯했다. 글을 쓰게 만들고, 글쓰기에 흠뻑 취해 있는 순간만큼은 인간을 무장해제 시키는 재주가 있었다. 필사가 기폭제가 되어 뒤에 일어나는 모든 연쇄반응이 당연한 듯 폭발적으로 드러나기 시작했다. 필사의 연쇄반응의 결과가 나를 작가라는 삶의 첫 발을 내딛게 했다. 필사가 나의 또 다른 재능을 발견하게 도와주고 제2의 꿈을 이루게 했다. 살 맛 나는 세상이다. 그렇게 나는 어느 누군가의 꿈이 되어가고 있었다.

필사는 간호사의 삶에서 잠시 물러나 있게 된 나에게 단비 같은 존재였다. 일시 정지된 일상에 누군가 재생 버튼을 꾹 눌러 준 기분이 들었다. 20년간 해오던 일이 막상 눈앞에서 사라지는 순간 만감이 교차했다. '이 기회에 실업급여도 받고 좀 쉬자.' 하는 마음과 '쉬는 것도 하루 이틀인데 남은 시간 뭘 하지?' 하는 두 마음이 주거니 받거니 마음을 쑥대밭으로 만드는 것은 시간문제였다. 하지만 필사가 이러한 마음에도 아랑곳하지 않고 일상을 회복하는 데 일조했다. 나에게 있어 필사는 일상의 안정을 되찾게 하는 '행복을 부르는 중독'이라 해도 무방했다. 본격적인 책 쓰기를 위한 글쓰기에 들어가기 시작하면서 필사에 목숨을 건 사람처럼 잠들기 전 하루의 남은 에너지마저 탈탈 털어 필사에 전소시키고 잠이 들었다. 필사는 그야말로 시들어 갈 뻔했던 일상을 바로 잡아주는 생명수나 다름없었다. 직장을 떠나서도 내가 꼭 해야 할 일이 있다는 것은 하루의 기를 살리는 데 충분했다. 필사를 시작하면서 다시 병원으로 돌아가 간호사의 삶을 살면서도 휘청거리지 않을 수 있는 용기와 의지가 생겼다. 감정노동이 동반된 육체적 피로감이 몰려와도 필사가 있고, 글쓰기가 있는 삶이 있기에 더 이상 두렵지 않다. 앞으로 간호사로 살아가는 삶에 글이 함께 했으면 하는 바람이다. 풀어내야 할 스토리가 한 가득일 게다. '희로애락(喜怒哀樂)'이 뒤섞인 병원 생활에 좀 더 활기를 불어넣어 주고 싶다. 그러면 좀 더 환자들에게도 친절하고 진심을 담아낼 수 있지 않을까. 내가 그들의 또 다른 꿈이 되어 주고 싶다는 생각이 들기 때문에 어떠한 경험도 진정한 작가의 길을 걸어가는 데 자양분이 될 거라 믿는다. 꿈이란 희망이 기댈 수 있는 비빌 언덕이다. 내가 그 비빌 언덕이 되어 한 사람이라도 필사를 시작하는 마음이 생기고, 글을 쓰는 삶을 사는 재미를 느낄 수 있다면 강남의 건물주도 부럽지 않을 것 같다. 물질적 풍요보다 내적 풍요의 가치가 더 크다는 것을 알기 때문이다.

지금까지 해왔던 일에서 멀어져 다시 일을 시작하기 전까지, 그 공백기를 알뜰살뜰 후회 없이 내 것으로 만들고 싶었다. 다시 감정노동이 심한 병원으로 돌아갔을 때 글을 쓰는 작가란 새로운 삶의 끈을 놓고 싶지 않기 때문이다. 이제 작가는 놓치고 싶지 않은 나의 꿈이자, 인생이 되었다. 글 쓰는 재미를 필사를 통해 배웠고, 글을 쓰니 내 인생이 다시 써지는 기분이 들어 생의 활기를 되찾은 기분으로 살게 된다. '이것이 작가의 삶에서만 느낄 수 있는 절대적 묘미인가?' 싶을 정도로 끌림의 자석이 강하게 작용하여 작가가 되기 위한 노력을 하지 않을 수 없다.

"꿈을 꾸고 그 꿈을 이루면 나는 그 누군가의 뮤즈가 된다."

나는 나의 사랑하는 두 딸의 꿈이 되어 주고 싶다. 평범한 나의 두 딸은 꿈이 없다고 말한다. 그런 말을 들을 때면 가슴이 아프다. 부모가 되어 지금에 이르기까지 나의 자녀에게 꿈에 대한 희망을 주질 못한 것 같아 괜히 미안해진다. 특별한 재능도 특기도 모르겠다는 딸아이들을 보며 내가 두 딸의 꿈이 되어 주고 싶어졌다. 이 마음이 초석이 되어 작가가 되기 위해 필사와 글쓰기에 더 열중한다. 나는 작가가 되기로 마음먹었다. 작가가 되면 그 누군가 나의 책을 읽고 작가가 되고자 하는 마음이 생길지도 모른다. 나의 딸들에게도 엄마의 간호사란 모습 외에 작가의 모습이 조용히 자리 잡을 것이다. 내가 나의 딸들에게 줄 수 있는 것은 내가 꿈을 그려가는 모습과 앞으로 세상에 나올 책밖에 없다. 꿈은 멈춰있는 것이 아닌 계속 이뤄나가는 것이라는 것을 느끼게 해주고 싶다. 그래서 나는, 나의 꿈을 이루기 위해 스승의 뒤통수만 보고 따라가려 노력한다. 나의 스승이자 인생 멘토 N 작가처럼 나도 누군가에게 별처럼 빛나는 꿈이 되고 싶어졌다. 스승의 발자취를 밟아 가며 내 안에 얻는 것이 많아질수록 내가 걸어온 길을 뒤따라 오는 이를 위해 내어주고 싶은 것이 많아졌다. 일으켜주고, 당겨 주며 함께 필사를 이야기하고 글 쓰는 작가의 삶을 노래할 수 있다면 얼마나 좋을까? 그들만의 드림! 그들만의 스타! 가 되어 힘차게 날갯짓하는 나의 모습을 상상해본다. 작가의 삶, 스승의 삶을 살고 싶어 오늘도 글쓰기를 위한 필사에 기름칠을 한다.

필사를 이어가면서 아직도 내 안에 글로 엮어내지 못한 스토리가 많이 남았음을 느낀다. 작가가 되기 위한 결심을 한 순간부터 내게 다가오는 일상이, 나를 둘러싼 모든 사람들과 일어나는 일들이 모두 나의 꿈을 이루기 위한 과정처럼 여겨진다. 오늘 글을 쓰고 내일 또 글을 써도 마르지 않는 샘물처럼 또 다른 글이 생겨난다. 글은 요술쟁이 같아서 남의 글이든 나의 글이든 매번 다른 느낌의 낯선 이가 되어 찾아온다. 그 새롭고 신선함이 주는 생의 팔딱거림이 좋아서 작가가 되어야겠다. 그리고 많은 이들의 꿈으로 남고 싶다. 다른 사람들과 더불어 살아가는 이유는 내 꿈을 닮아가려는 사람들을 위한 한 걸음을 내딛기 위함이 아닐까? 나의 비범할 것도 없는 무난한 삶이 잔잔한 감동이 되어 어느 누군가라도 동기부여를 받고 그만의 꿈에 도전하기 시작할 때 내가 살아가는 이유 또한 더 명확해지지 않을까 싶다.

내게 천운으로 다가온 필사의 시작으로 나의 스승과 함께하는 멘토들이 생겼다. 그리고 나의 새로운 인생, 책 쓰는 작가의 삶도 시작이 되었다. 남겨질 결과물이 있다는 것, 보이지 않는 것을 세상에 드러내는 창조 능력이 내 안에 살고 있다는 사실만으로 인생은 아름다운 한 폭의 웅장한 명화가 될 수 있음에 감사한다. 오늘을 살아가기 바빠서 내 안에 잠든 꿈을 놓치는 일은 없었으면 좋겠다. 내 인생의 테두리 안에서 나를 빼고는 그 어떤 상황도 설명이 되지 않는다. 가족이 만들어 준 자리, 사회가 씌워 준 자리 이 모든 껍데기를 벗고 나비로 다시 태어나 꿈을 향해 힘차게 날갯짓하라. 한 마리의 나비는 아직 껍데기를 벗겨내지 못한 번데기의 꿈이다. 긴 겨울을 나기 위해 잠시 성장을 멈춘 번데기에겐 희망의 상징이다. 필사로 한 마리의 나비가 되어라. 번데기는 꿈을 꾼다. 눈부시게 날갯짓하는 당신이란 나비를 보며 아름다운 한 마리의 나비가 되기 위해 힘차게 날 힘을 응축한다. 나를 위한 움직임이 꿈을 만들고 내가 이룬 꿈은 그 누군가의 간절한 꿈이 된다. 필사만큼 내 글쓰기의 좋은 길잡이가 없다. 책 쓰기에도 훌륭한 일등공신이다. 마음으로 그려 본 세상, 남들이 볼 수 없는 나만의 세상을 내 글로 새롭게 태어나게 하는 강한 생명력의 힘이 바로 필사에서 나온다. 필사의 힘을 이용해 쓰기를 삶으로 옮기는 사람을 나는 작가라고 부른다. 필사해서 내 삶의 주인이 되고, 누군가의 꿈이 되는 삶을 살아가자.

결국, A4 2장 필사로 나는 작가의 삶을 산다

A4 2장 쓰기가 100페이지에 이르면 책 한 권이 된다는 사실을 아는가? 책 한 권을 통 필사한 후 마지막 쪽수를 보며 자연스레 터득한 사실이다. '아, 이 정도 써야 책 한 권이 만들어지는구나!' 그 이후로 매일 A4 2장에서 A4 2장 반 분량의 1꼭지를 필사한다. A4 2장 반에 가까운 글쓰기를 몸에 익히려고 노력한다. 한 꼭지 필사를 시작하기 전에는 A4 2장의 개념이 없었다. 어느 정도 글을 써야 책 한 권이 되는지조차 관심이 없었다. '글만 잘 쓰면 되지.'라는 우매한 생각이 지금은 그저 부끄럽기만 하다. A4 2장의 필사를 가볍게 보면 안 된다. 책 쓰기의 시작과 끝은 A4 2장 쓰기에 있다. 소제목에 해당하는 한 꼭지는 A4 2장을 말하고, 1꼭지가 40꼭지 가까이 이르면 책 한 권이 만들어진다. 매일 A4 2장에서

A4 2장 반 분량의 필사를 이어가는 일은 내 글 1꼭지 쓰기를 위한 디딤돌이 된다. A4 2장 분량의 필사를 하지 않고는 1꼭지 글쓰기가 저절로 되지 않는다. 빨리 내 글을 써서 책을 출간한 작가가 되고 싶어 한다. 그러나 글쓰기 힘을 길러주는 A4 2장의 필사를 건너뛰고서는 작가가 되는 데 어려움이 있다. 긴 글 쓰는 힘은 A4 2장 필사에서 나온다. A4 2장 필사! 내 글을 쓰고 싶다는 생각이 들 때까지 필사하라. 그 생각이 들면 책 쓰기에 도전하라. 결국, 나는 A4 2장 필사로 작가의 삶을 살고 있다. A4 2장 분량의 필사를 꾸준히 하다 보면 작가의 삶을 경험하게 된다. 매일 같은 시간에 같은 분량의 필사를 이어가다 보면 작가의 삶이 체화된다. 억지로 의식하지 않아도 이미 내 몸은 작가의 삶을 기억하고 있다. 몸으로 배운 것은 애쓰지 않아도 나를 움직이게 한다. 남의 글을 매일 A4 2장씩 필사했을 뿐인데 작가의 삶을 살고 있다. 지금은 아침 7시다. 새벽 3시 반부터 책을 읽고 글쓰기를 시작한 결과 1꼭지의 글을 다 쓰고 이어서 다음 꼭지의 서론 글을 쓰고 있다. 잠들기 전 잊지 않고 실천했던 A4 2장의 필사가 가진 저력이다. 누구보다 필사의 힘을 알기에 글쓰기의 디딤돌이 되어 주는 필사에 진심이다.

새로운 일을 시작하려 할 때 우리 몸은 강한 거부반응을 보인다. 게으름을 피우기 위해 변명거리를 만들고 핑계를 대기 시작한다. 자기(自己)는 안다. '내가 핑곗거리를 찾고 있구나.'하고 말이다. 핑곗거리를 찾는 순간 마음속에서는 소리 없는 갈등이 시작된다. '해야 하나, 말아야 하나'를 두고 팽팽한 줄다리기를 하며 마음의 에너지를 소진한다. 필사를 하다 보면 이러한 순간은 누구에게나 찾아오기 마련이다. 나 역시 새벽 기상이 몸에 장착되기 전까지 소리 없는 마음의 씨름을 하느라 애를 먹었다. 처음에는 의욕이 먼저 앞서 새벽에 일어나기만 하면 다 될 것만 같았다. 나 자신을 믿지 못한 마음에 알람을 새벽 3시 30분부터 30분 간격으로 맞춰놓는다. 지금도 혹시나 하는 마음에 알람이 울리는 간격은 그대로 두었다. 30분 간격으로 울리는 알람 소리가 귀찮아서도 일어나게 된다. 30분 더 침대에 누워 있겠다고 편히 잠드는 것도 아니지만 포근한 이불 속 따스함의 유혹을 물리치기 힘들어 알람을 끄고 다시 잠들기를 반복했었다. 그러나 새벽 기상은 자신과의 싸움이다. 승리의 순간을 맛보는 짜릿함의 횟수가 늘어갈수록 새벽에 일어나는 일은 익숙해져 갔다. 지금은 조금 늦게 자도 몸이 시간을 기억하는 듯 알람 소리를 듣기 전 2~3분 전에 일어날 때가 많다. 새벽 기상이 습관이 되고 나의 의지가 강해지니 새벽 기상이 즐거워지고 오늘도 일찍 일어난 내가 대견스러워 자신감도 채워진다. 필사도 마찬가지이다. 처음에는 글 쓰는 작가가 되겠다는 마음만 앞서 필사를 하다가도 이러한 소리 없는 마음의 갈등에서 이겨내지 못하면 내 글쓰기의 힘이 소멸하고 만다. 오늘 하루 A4 2장의 필사를 해낸 자신을 자랑스러워하면서 칭찬하고 용기를 주다 보면 자신감이 채워진다. A4 2장의 필사를 지속적으로 해나간다는 것은 끈기와 인내가 수반된 행위다. 사소한 유혹에도 흔들리지 않는 마음이 중요하다.

인생은 내 마음과는 반대로 예상치 못한 길을 걸어가게 되는 순간이 있다. 그 길이 맞는지 틀리는지는 직접 부딪혀봐야 알 수 있다. 매번 시험을 치르는 수험생처럼 긴장의 끈을 놓지 않고 임하다 보면 어느새 한고비 넘겨 있곤 한다. 필사는 반복적인 행위를 필요로 한다. 매일 자판을 두드려야 뭐 하나라도 건질 게 있다. 반복의 지루함도 깨달음이라면 깨달음으로 승화시키면 된다. 필사의 반복이 주는 지루함을 이겨내면 글쓰기는 말없이 뒤따라오기 마련이다. 남의 글이 내 글로 전이 되어 작가로 살게 한다. 매일 A4 2장 반을 필사하는 것은 새벽 기상처럼 나의 일상 중 하나가 되었다. 1꼭지 소제목을 중심으로 작가의 글을 따라 쓰며 내가 쓰는 글처럼 몰입의 시간을 갖는다. A4 2장 분량을 매일 따라 쓰는 일은 반복의 지루함과 싸워 이겨내는 일이다. A4 2장에서 A4 2장 반이 주는 의미는 실로 놀랍다. 써보면 생각보다 많은 분량이다. 그러나 책 한 권이 나오는 기본단위이다. 이 단순한 진리가 필사를 새로운 시각으로 보게 했다. 이 기본을 잘 갈고 닦아 내 몸에 장착하면 A4 2장의 필사도 A4 2장의 글쓰기도 결코 지루할 틈이 없다. A4 2장의 필사가 나를 작가로 향해 가는 기회의 문을 열어 주었다.

글 쓰는 작가라 하면 펜부터 떠올리는 이유는 무엇 때문일까? 아마도 예전에는 작가들이 한 글자 한 글자 손으로 써내는 일이 비일비재했기 때문에 당연히 작가를 떠올릴 때 펜도 함께 따라오는 것 같다. 지금도 손에 펜을 쥐고 글을 쓰는 작가도 있을 테지만 우리는 정보통신이 하루가 다르게 급변하고 있는 시대에 살고 있다. 이 시대의 작가들은 펜보다 노트북이나 컴퓨터의 자판이 더 익숙한 세대가 되었다. 필사는 글쓰기를 위한 남의 글을 따라 쓰는 일이다. 작가가 되기 위해서는 나의 컴퓨터와 노트북의 자판과 먼저 친숙해질 필요가 있으며 그것은 곧 시대의 부름에 응답하는 일이다. 자판으로 남의 글을 따라 쓰다 보면 A4 2장에서 A4 2장 반의 분량에 이르러 소제목 하나에 해당하는 한 꼭지가 마무리되는 것을 확인하게 된다. 한 꼭지를 채우는 글은 서론-본론-결론이란 글의 구조로 짜여 있다는 것 또한 자연스럽게 인지하게 된다. '아, 이렇게 한 꼭지가 써지는구나!',하고 무릎을 '탁'치게 되는 순간이 온다. 읽고 쓰면서 몸으로 익히는 진정한 배움이 필사에 있다. 한 꼭지 필사로 글쓰기의 욕망을 일깨우고, 글쓰기 방법을 익히고자 하는 노력이 글쓰기를 가능하게 한다. 꾸준한 필사가 내 글쓰기의 자신감을 키운다. 필사력이 커질수록 글쓰기에 대한 두려움도 사라진다. 필사를 하기 전에는 A4 2장이 드넓게 펼쳐진 사막같이 느껴진다. 목이 바짝바짝 탄다. '내가 언제 A4 2장을 채우지?'하는 마음에 한 줄도 못 쓰고 눈만 껌뻑껌뻑 거리며 한 숨만 쉬게 되는 경우도 있을 것이다. 하지만 A4 2장의 필사는 정직하다. 부담감과 두려움이 사라진 자리에 자신감과 쓰고자 하는 의지가 들어선다. 첫 문장을 쓰게 하는 힘이 필사다. 한 문장만 쓰기 시작하면 내 글쓰기에도 신들린 듯 A4 2장이 채워가는 영광의 순간을 마음껏 만끽할 수 있다. 필사를 우습게 보면 큰 코 다친다. 아무리 쉬워 보이는 일에도 의미가 있고 가치가 있는 법이다.

매일 A4 2장의 분량을 필사했더니 작가의 삶이 찾아왔다. 매일의 꾸준한 필사가 습관이 되어 건강한 생각과 건전한 삶을 살게 했다. 작가의 삶에는 내가 보지 못한 꽃들이 만개하여 하루하루 무럭무럭 자라고 있다. 내일은 무슨 꽃이 필까 궁금해진다. 필사는 꿈을 노래하고 희망을 부르는 노래이다. 필사만 해도 마음의 변화가 일고, 나의 생활이 바뀐다. 삭막해져 가는 우리네 세상 너무 빨리 가려고 앞만 보며 살지 않았으면 좋겠다. 조금은 늦게 가더라도 내 옆에 누가 있고, 내 뒤에 누가 따라오며, 내 주변에는 무엇이 함께하는지 마음의 눈으로 보고 그것을 글로 정화시켜 나가는 작업이 필사였으면 좋겠다. 이렇게 살다 보면 내가 하는 일 외에도 내가 즐기면서 행복한 글쓰기를 하는 작가가 되어 노후를 좀 더 따뜻하게 보낼 수 있을 것이다. 억척스러운 주름이 가득한 할머니 말고 마음 하나는 세상 보드라워 글로 말하고 글로 노래하는 할머니의 삶이 더 낫지 않을까?

A4 2장의 기적은 책 한 권이다. 내 몸 구석구석 사리가 박힌다는 마음으로 필사를 해라. 깊숙이 박힌 사리가 하나씩 빠져나와 나의 생각을 열고 내 글을 쓰게 한다. 사소한 말 한마디가 사람을 살리기도 하고 죽이기도 한다. 글쓰기는 사람을 살리는 일에 쓰여야 한다. 작가는 사람을 살리는 글을 쓰는 사람이다. 귀한 글을 쓰는 작가에게 필요한 자질을 필사가 알려준다.

"온몸에 사리를 하나씩 박는 마음으로 필사를 하고 글을 쓸 때는 박은 사리를 하나씩 끄집어낸다는 마음으로 글을 써라."

나는 A4 2장의 필사가 끝이 나면 '오늘도 내 몸에 귀중한 사리 하나를 박아 넣었구나.'하고 생각한다. A4 2장의 필사를 귀히 여기는 그 마음이 좋은 작가가 되는데 밑거름이 된다. 항상 내 귀에 들려오는 주변 소음에도 흔들리거나 꺾이지 않는 초심이 필요하다. A4 2장 필사를 게을리하지 말고 핑계를 대지 마라. 핑곗거리를 찾는 순간 그대는 작가의 삶으로부터 멀어지는 삶을 선택했다는 것에 후회하게 될 것이다. A4 2장 필사로 작가의 삶, 그 텃밭의 주인이 되어보는 것은 어떠한가.

글 쓰는 작가 간호사로 거듭났다

가끔 남들보다 더 깊은 삶의 굴곡에 들어선 기분이 들 때가 있다. 남들이 보기에 전문직이고 안정된 일자리가 보장된 직업이 간호사일지 모르나 이 세계도 나름대로 마음의 고충이 수반된 3D 업종 중 하나가 아닐까 생각해본다. 내 마음이 곪아 터지는 줄 모르고 일선에서 환자들과 보호자들을 보살피며 하루를 이를 악물고 버텨내는 이 일이 과연 맞는지조차 헷갈려 고개를 휘저을 때가 많았다. 그만큼 감정노동과 육체적 노동이 심한 직업이 간호사가 아닐까 싶다. 적어도 나에겐 그렇게 느껴진 세월이다. 하지만 버틴 자가 이긴 자라더니 세월을 따라 나의 직급도 올라가고 능력도 인정받았다. 책임감의 무게가 몇 곱절 따라붙었다. 직장 생활을 하며 육아를 하고 한 가정을 보듬어 간다는 것은 쉽지 않은 일이었다. 내가 아무리 직장에서 열심히 일하고, 수간호사면 뭐하겠는가. 내 가정이 언제 깨질지 모를 살얼음판 위를 걷는 기분이었으니. 언제까지 병원에서 일할 수 있을지 나 자신도 의문이 생겼다. 나이는 들어가고 체력은 떨어지고 있다는 사실을 어쩔 수 없이 인정할 수밖에 없다. 제대로 놀아 본 적이 없어서인지 남들은 재미나게 여행도 다니며 일상이 장밋빛으로 물들어 사는 사람들 같은데 나는 정작 하루를 쉬어도 놀 줄 모르는 사람이 되어있었다. 뭐라도 하고 있어야 마음이 편하다. 이런 나를 잘 알기에 일은 계속하고 싶다. 나에게 일거리가 끊이지 않는 삶이 지속되었음 하는 바람이다. 나이가 지금보다 더 들어도 나이에 구애받지 않고 할 수 있는 또 다른 일을 하고 싶어졌다. 나의 간절함이 밤하늘의 달에게 닿았을까? 달빛을 벗 삼아 노닐 던 필사 덕분에 내 삶에도 서광이 비추기 시작했다.

필사는 나에게 또 다른 명함을 새겨주었다. 내 나이 마흔 중반에 찾아온 기회이자 새 생명줄이다. 베스트셀러 작가의 삶을 꿈꾸기보다 나로 존재하는 삶에 로망이 생겼다. 로망을 품에 안고 살아가는 이의 삶은 얼마나 눈부실까 생각하면 오늘의 필사와 글을 쓰는 시간을 놓치지 않고 싶어진다. 글로 쓰여질 때 삶은 위로를 받고 아팠던 상처도 치유가 된다. 회복의 과정이 필사와 글쓰기이다. 남의 글에서 위로받고 내 글을 쓰며 치유된다. 이 하나 됨의 과정이 있었기에 나는 '글 쓰는 작가 간호사'로 거듭날 수 있었다.

〈책성원〉의 리더 작가이자 나의 인생 멘토인 N 작가에게 좋은 소식이 들려왔다. N 작가가 2024년 1월 보건교사 140명을 대상으로 인문학 관련 강의를 하게 된 소식이다. N 작가가 출간한 10여 권이 넘는 책들과 《나는 보건교사입니다》와 공저《보건교사 마음》이란 책이 톡톡히 제 몫을 해 좋은 결과로 이어진 것이다. 출간한 책을 읽고 연수를 맡은 교장 선생님께서 직접 연락을 해왔다고 하니 생각만 해도 맥없이 누워 있던 솜털이 바짝 서는 소름이란 것이 간만에 느껴졌다. '아~ 이래서 책 쓰기의 힘이 대단하구나!' 싶은 순간이다. 이제 N 작가는 작가의 삶을 사는 보건교사이자 강사의 길을 만들어 가고 있다. 내가 쓴 책의 메시지를 직접 강의하여 알려주는 기쁨은 어떠할까? 나는 그녀의 지칠 줄 모르는 열정에 고개가 절로 숙여진다. 스승 앞에 제자는 겸허해진다. N 작가가 본업을 충실히 이어가면서도 책 쓰기를 멈추지 않고 후배 작가들을 양성하는데 쏟은 결과물이 큰 선물이 되어 돌아온 게 아닐까 한다.

'매일 글을 쓰고 책을 출간하는 삶을 사는 보건교사 1호' N 작가가 나의 인생 멘토이자 리더인 게 너무 자랑스러워지는 순간이다. 함께 성장해 나가는 리더의 모습은 보는 이로 하여금 가슴 뭉클한 일이 아닐 수 없다. 왜냐하면, 리더의 성장은 그를 따르는 이들의 좋은 본보기가 되고 희망의 상징이 되기 때문이다. '아! 나도 N 작가처럼 꾸준히 책을 쓰면 영광의 순간이 올 수도 있겠구나!' 하는 기분 좋은 자극이 되어 필사와 글쓰기를 이어가게 하기 때문이다. 매일 N 작가가 던져주는 메시지는 글을 처음 쓰는 나에게 힘이 되어 준다. 나의 귀하디귀한 한 번뿐인 인생 내가 원하는 이상적인 삶에 도달하기 위해 제대로 한 번 스파트(spurt)를 내야겠다고 다짐했다.

2023년의 겨울이 잔인한 계절이 될 뻔했다. 하지만 필사와 글쓰기로 일의 소중함을 배워가는 중이다. 이 책이 세상에 나올 때쯤 나는 다시 어느 병원의 간호사로 살아가고 있을 것이다. 그리고 두 번째 개인 저서를 시간 날 때마다 틈틈이 쓰고 있을 나를 상상해본다. 앞으로 내 인생에 '글'을 떠나서는 설명이 되지 않을 것만 같다. 이 설렘이 품고 있는 미래의 가치를 맘껏 현실로 가져와 글로 살려내고 싶다. 한 인간의 본성을 깨우는 힘이 필사에 있었다니 이것이야말로 진정한 '시크릿'이다. 아무에게도 말하고 싶지 않지만 이미 알만한 사람들은 실천하고 있는 글쓰기의 비밀이

이 안에 있다. 내가 책 쓰는 작가가 될 수 있었던 비법은 바로 타이핑 필사이다. 이런 말을 하면 콧방귀 낄 수 있지만 사실이다. 모든 성공의 비밀은 사소한 것의 출발에 있다. 나는 이 비법이 널리 알려져 나처럼 하나의 직업에 머물지 않고 할 수 있는 일이 하나씩 늘어가는 기쁨을 누려보길 바라는 마음이다.

"누구나 꿈을 꾸지만, 누구나 꿈을 이루기 위해 시작하는 것은 아니다."

이 글을 읽는 독자들은 '시작'이라는 것을 해보길 바란다. 시작이 있어야 끝도 있으니 남몰래 작가의 꿈을 키워가고 있는 사람이라면 내 안에 있는 작가의 잠을 깨우는 일, 즉 '필사'부터 시작해 보길 바란다. 그리고 방향을 잡을 수 있는 멘토를 가져라. 북극성 같은 멘토가 있어야 흔들리지 않고 끝까지 해낼 힘을 얻는다. 중요한 것은 꺾이지 않는 마음이라고 하지 않던가?

책을 가까이하고 필사를 곁에 두면 글 쓰는 작가의 삶에 좀 더 가까이 갈 수 있다. 요즘처럼 경제가 휘청 되는 시기에 많은 자금을 들이지 않고도 자기계발을 할 수 있는 일이 바로 필사와 글쓰기라고 말하고 싶다. 조금만 눈을 돌려도 요즘은 성공을 한 사람들도, 성공을 하고 싶어 하는 사람들도 작가란 직업에 합류하는 것을 보게 된다. 특히나 유명한 사업가나 연예인들도 바쁜 스케줄에도 글을 쓰고 자신의 책을 출간하여 세상의 빛을 보게 한다. 나는 이러한 모습을 보면서 시간이 없어서 글을 못 쓴다는 것은 다 거짓말처럼 느껴진다. 그리고 '진짜 네가 저 연예인, 저 사업가만큼 바쁘고 힘들어 봤냐고!'라며 나를 한 번 더 채찍질한다. 화려한 삶을 사는 연예인이 책을 쓰면 삶을 제대로 살아가는 법을 아는 사람처럼 느껴지고, 나도 모르게 그의 삶을 더 응원하게 된다. 우리는 성공한 사업가든, 연예인이든 화려하고 빛나는 순간들을 보며 그 사람을 판단한다. 하지만 직접 쓴 글을 보면 그 사람이 괜히 저 자리에 있지 않다는 것을 알 수 있다. 주위를 조금만 둘러보면 나를 둘러싼 모든 것들이 글이 되는 세상이다. 나는 이 사실을 필사와 글쓰기를 하면서 알게 되었다.

우리는 언제든 또 다른 나를 데리고 살 준비를 해야 한다. 지금의 나와 공존하면서 또 다른 삶도 받아들일 준비가 반드시 필요하다. 한동안 '부캐(부 캐릭터)' 열풍을 일으킨 유재석만 봐도 알 수 있었다. 어느 날은 트로트 가수로, 어느 날은 라면집 사장으로, 어느 날은 드럼을 치는 연주자로 살며 시행착오를 거듭하며 부캐의 세계에 빠져 즐기게 되는 모습을 보며 많은 생각을 했었다. 잘나가는 연예인이 부러운 게 아니라 매번 다른 캐릭터에 도전하며 그것을 내 것으로 만들어 가는 그 열정에 마음이 요동쳤다. '부캐가 본연의 나가 만든 벽을 과감히 무너뜨리고 그 한계를 넘어선 다면 미처 알지 못했던 또 다른 가능성의 무궁무진한 세상을 경험하게 되는구나.'를 내 두 눈으로 눈도장을 새기는 계기가 되었다. 그리고 이것에 많은 사람이 열광하는 이유는 마음 한 편에 잠시 보류해둔 꿈이 있기 때문이 아닐까? 나를 대신해 잠재된 가능성을 꺼내 맘껏 펼쳐나가는 모습에서 위로를 받는 것은 아닐까? '내 안의 나'는 아직 어떤 모습인지 알 수 없다. 무한 가능성을 스스로 꺼내 쓰지 않으면 본캐의 한계를 극복할 수 없다. 나는 지금 필사와 글쓰기를 이어가며 내 본캐인 간호사의 한계를 넘어 글쓰는 작가의 길을 가고 있다. 시작하고 보니 어느새 '글 쓰는 작가 간호사'란 타이틀이 생겼다. 다가올 미래에는 어떤 부캐가 하나 더 늘어날지 기분 좋은 상상을 하게 된다.

실직의 기간은 제2의 인생의 문을 열기 위한 '절대적 필요'의 시간이었음을 이제는 안다. 누구나 반드시 거쳐야 할 시간의 문이 있듯이 나에게도 잠시 그 시간이 찾아왔을 뿐이다. 조금은 내려놓고 나를 위한 시간을 필사에 사력을 다하며 지켜냈고, 책 쓰기로 화룡점정(畵龍點睛)을 찍었다. 누릴 것이 많은 세상에 태어나 주어지는 대로 살다 간다면 너무 억울할 것 같다. 집에서 노는 동안(?) 뭐했냐고 남들이 물으면 당당히 말할 수 있다. "나는 필사해서 책을 썼고, 지금은 내 글을 쓰는 작가로 거듭났습니다!"라고 말이다.

내가 필사를 멈추지 않는 진짜 이유

필사는 나를 스스로 빛나는 사람이 되도록 만들었다. 평생 간호사로 일하다 죽겠구나 싶었던 좁은 식견에 물꼬를 터 준 것이다. 나를 더 빛나게 해주는 사람을 만나기는 어렵지만, 필사는 스스로 빛나는 법을 알게 해준 은인이다. 이 사실은 시간이 흘러도 변함없이 나를 지지하고 빛나게 만들어 줄 것이라는 것을 안다. 필사는 사람처럼 간사한 마음을 내지 않는다. 사람 마음이란 것이 화장실 들어가고 나올 때가 다르다고 하지 않는가? 필사는 사람처럼 간사함이 없어서 좋다. 글쓰기에 있어 세상에서 가장 든든하고 믿음직한 버팀목이 되어준다. 시간이 흘러도 변함이 없고 나의 진국 같은 친구가 이제 필사가 되었다. 나를 글 쓰는 작가로 만들어 준 필사는 나의 가치를 글쓰기로 배가 되게 만들었다.

여전히 필사는 챙겨야 할 어린 갓난아이 같다. 내가 스스로 챙겨 필사하지 않으면 어떠한 목소리도 들을 수 없다. 갓난아이는 소리 내어 말을 하기 전까지 목소리를 대신해 눈과 표정, 울음으로 말한다. 알아들을 수 없지만, 엄마는 본능적으로 알게 된다. 이 아이가 배가 고픈지, 기저귀를 갈아야 할 때인지 말이다. 필사도 마찬가지이다. 말이 없는 필사의 눈과 표정, 울음소리를 듣고 싶다면 매일 꾸준한 필사가 답이다. 필사를 하다 보면 마른 논에 물을 대는 일처럼 갑갑하고 답이 보이지 않을 때가 있다. 하지만 필사의 시간을 놓지만 않는다면 저마다 깨달음의 문이 열리는 순간의 차이는 있겠지만 조금씩 내 안을 찾아오는 두드림을 느낄 수 있다. 그 두드림의 문을 여는 순간 필사의 가치를 알아가고 깨닫게 된다.

식물은 꽃과 꽃 사이를 오가며 꽃가루를 묻혀오는 꿀벌의 부지런함이 있어야 열매를 맺는다. 필사의 부지런함이 작가를 만든다. 글을 써야 작가가 된다. 읽고 끝나는 독서에 머문다면 책을 읽는 독자에서 끝나지만 남의 글이든 내 글이든 일단 써야 작가가 되는 길이 열린다. 내 글부터 쓰려면 작가가 되는 길이 험난한 산을 타는 일처럼 고된 노동이 된다. 하지만 다른 작가의 글을 따라 쓰는 일은 평지를 걷는 일처럼 쉽다. 그 쉬운 일을 하나씩 해내다 보면 내 생각이 번개처럼 번뜩이며 글쓰기의 문이 열리기 시작한다. 당신은 주부인가? 나처럼 실직자인가? 아니면 직장 맘인가? 나는 필사부터 시작하라고 권한다. 하나의 직업만으로 버티며 살아가기 힘든 세상에 내 마음 하나 기댈 곳이 없다면 얼마나 외로울까. 사람도 나이가 들면 남을 사람만 남고 떠날 사람은 떠나기 마련이다. 혼자 남아도 버텨낼 힘이 글에서 나온다. 큰돈 들이지 않고도 나를 지켜내고 나를 성장하게 하는 필사부터 해보는 것은 어떨까? 나의 필사는 앞으로도 멈추지 않고 진행형일 것이다. 내가 지금도, 앞으로도 필사를 멈추지 않는 이유는 아래와 같다.

첫째, 지금이 내가 필사할 수 있는 최적의 시간이기 때문이다. 나는 필사를 하고 글을 쓰면서 눈의 피로도를 많이 느끼는 편이다. 마흔 초반에 노안이 시작되었다는 말을 듣고 잠시 '나이를 못 속이는구나' 싶어 울적한 때가 있었다. 그런 내가 이제 필사적으로 필사를 하고 글을 쓰는 작가의 삶을 살아가게 되었다니! 먼저 겪어 본 자의 조언이라 생각하면 한 살이라도 젊을 때 필사를 시작하라는 것이다. 원래 시력이 좋은 편은 아니었지만, 노안까지 겹치니 참으로 죽을 맛이다. 가끔 심하게 글씨가 퍼지고 흐려 보이는 날은 영영 시력이 안 좋을까 봐 덜컥 겁이 난다. 오랫동안 필사와 글쓰기로 씨름하다 보면 글씨가 흐려져 답답하고 더 하고 싶어도 잠시 쉴 수밖에 없다. 그렇게 산책을 하거나 다른 일을 하다 보면 눈의 피로도가 다시 회복되는 기분이다. 안 좋은 시력도 자극제가 되나 보다. 필사를 하는데 무리가 없을 나이, 할 수 있을 때 부지런히 해야겠다 싶다. 하루가 일주일이 되고 일주일이 한 달이 되고 한 달이 일 년이 되면 한 살 먹는 것은 시간문제다. 내게 주어진 시간을 생각하면 어찌 필사와 글쓰기를 멈출 수 있겠는가? 시간의 효율성을 따져 봐도 지금이 필사하기 가장 최적의 시기일 수밖에 없다. 공부도 다 때가 있다고 하는 어른들의 말씀은 그냥 하는 소리가 아니라는 것이 다시 한번 새겨진다.

둘째, 필사는 작가의 초심을 되살려준다. 사람은 한고비를 넘기고 살만하면 초심을 잃기 마련이다. 일에서도 마찬가지로 눈감고도 한다는 생각이 든 순간 뜻하지 않은 사고가 발생하는 것처럼 필사를 시작했던 첫 마음이 변질되기 시작하면 글 쓰는 마음도 변할 것 같다는 생각을 했다. '필사는 초심자의 마음으로 되돌아가는 시간이다.'라고 되뇐다. 이런 마음이 있는 상태에서 자판을 두드리는 행위는 필사하며 배우고자 하는 마음에도 흐트러짐이 없다. 필사 좀 했다고, 글 좀 썼다고 자만심에 빠지지 않기 위해서는 늘 나를 바로 세우는 초심으로 돌아가는 힘이 필요하다. 초심이 흔들리면 필사도 건너뛰고 글쓰기부터 하려는 마음이 생긴다. 그러한 흔들림이 찾아올 때 필사로 초심자의 마음을 갖는다.

셋째, 필사로 인생 승부를 보기로 결심했기 때문이다. 나는 간호사가 본업이 아닌 작가가 본업이 되는 삶이 올 것이라 믿는다. 내가 필사와 글쓰기를 멈추지 않는다면 10년 뒤, 20년 뒤 나의 모습은 바뀌어 있을 것이다, 라는 생각을 했다. 오지 않은 미래를 미리 끌어다 내 것으로 만들어내는 힘이 필사다. 내가 필사를 멈출 수 없는 이유가 여기에 있다. 처음 가본 길은 두렵기 마련이다. 힘이 들지만 배움의 과정이 있어야 내 것으로 만드는 날도 오는 법이다. 너무 급하지 않게, 한 계단씩 오르며 숨을 고르고 오를 준비를 한다. 작가로 거듭나기 위해 불철주야(不撤晝夜) 글을 쓰는 나를 위해 나의 가족이 든든한 지원군이 되어주고, 나의 친구들이 응원해준다. 그리고 나의 지인들의 격려도 받게 되니 내가 적어도 내 주변에 있는 사람들에게 좋은 영향력을 주는 사람이 될 수 있겠구나 싶다. 필사 하나로 글을 쓰는 작가가 되고 나니 하고픈 일이 많아진 욕심꾸러기가 되었다. 더 많은 사람에게 선한 영향력을 주는 좋은 작가의 삶을 살아가기 위해 나는 필사를 한다.

넷째, 필사는 처음부터 끝까지 영원한 나의 팬이다. 극성팬은 피곤하지만 진심으로 나를 사랑해주는 팬은 앞으로 하는 일에 있어 큰 힘이 되어주는 조력자가 된다. 필사는 내가 글을 끝까지 쓸 수 있도록 묵묵히 내 곁을 지켜주며 나에 대한 믿음을 저버리지 않은 나만의 팬이 되어 주었다. 책 한 권이 나오려면 A4 2장에서 A4 2장 반 분량의 한 꼭지가 35꼭지 필요하다. 100쪽에 달하는 글을 쓴다는 것은 나의 피와 살을 떼어냈다 다시 붙이는 과정을 반복하는 일이다. 말 못 할 고민과 고통을 감수해서라도 써나가야지만 초고완성에 이를 수 있는 인고의 시간이다. 이런 나와 함께 해준 필사는 처음 나를 만났던 그 자리에 늘 있으면서 글쓰기를 독려해 준 팬이었다. 어려운 시기 함께 했던 팬을 어떻게 멀리 할 수 있을까. 나의 영원한 팬이 생겼다는 기쁨에 필사하는 시간이 즐거웠고 글쓰기도 할 수 있었다. 기꺼이 나의 팬이 되어 주길 자청했던 필사를 매일 만나러 가는 즐거움이야 더 말할 것이 없다.

우리는 100세 시대에 살아가고 있다. 수많은 인연과 얽히고설키며 벌어진 상처들을 봉합하며 살아간다. 사람과 사람 사이에도 벌어진 틈이 어느 정도는 있어야 그 관계도 아름답다 말할 수 있고, 유지가 된다. 하지만 살면서 나를 일으켜 세워주고, 나를 빛나게 받쳐 주는 사람을 만난다는 것은 하늘의 별 따기 일 수 있다.

그만큼 제대로 된 내 사람들을 만나기 힘든 까닭이다. 사람에게서 잠시 떨어져서 오직 나 스스로 빛날 수 있는 시간이 필사하는 시간이다. 필사는 나의 잘못된 길을 가고 있는가 싶으면 어느새 나침반이 되어 바른길로 인도해주고, 내가 제 갈 길을 잘 찾아가고 있으면 내 글로 보답을 하며 한껏 칭찬해준다. 사람에게 인정받으려 하는 것보다 나 스스로 인정받는 순간이 얼마나 큰 기쁨인지 알아가는 시간이 필사다. 필사하며 약속을 지킨 나를 대단하다며 치켜세워주는 인정의 시간을 자주 만나다 보면 글은 절로 쓰여지고 필사를 할 이유를 찾게 된다. 나를 인정해주는 시간은 필사를 만나러 가는 시작에서 생겨난다.

삶이 힘들수록 필사로 인생혁명해라

그 날은 오랜 친구를 만나서 참 행복한 시간이었다. 30년 지기 고향 친구들을 만난다는 것은 꽃같이 어여뺐던 청춘의 시간으로 타임슬립하는 시간이다. 때 묻지 않은 소녀처럼 웃고 떠들다 보면 잠깐의 침묵이 찾아올 때가 있다. 친구의 얼굴을 옅은 미소로 지긋이 바라보게 된다. 말하지 않아도 눈빛으로 다 알 것 같다. 내 친구 얼굴에서만 볼 수 있는 아기 배냇짓을 닮은 표정이 나이와 함께 그대로 남아있다. 감사했다. '그래 저런 표정은 내 친구에게서만 볼 수 있지. 그래, 그랬었지.' 라며 혼자 생각에 잠긴다. 문득문득 밀려드는 옛 추억과 함께 우리들의 젊은 날을 이야기하다 보면 하루해가 저문다. 그렇게 웃고 떠들었는데도 헤어지는 게 못내 아쉽다. 요즘 뭐하며 지내냐는 말에 "얘들아, 나 책 쓴다!"라며 친구들에게 이 사실을 이야기했을 때 진심으로 나를 응원해주는 그 마음에 또 한 번 감동이다. "내가 책은 안 읽어도 네 책은 꼭 사서 읽어야지! 사인(sign)은 꼭 해주라.", "신기하다! 내 주위에 작가가 있다니! 나는 무조건 너를 응원할 거야!" 이 말이 얼마나 내게 큰 위로가 되는 말인지. 다시 이 말을 생각해도 가슴이 뭉클하다. 친구는 조건 없이 나를 지지해주는 내 영혼의 든든한 지원군이다. 그중 친구 J는 손재주도 참 많다. 간호사 일을 그만두고 남편과 함께 샤인 머스캣과 딸기 농사를 짓고 있다. 농사일이란 것이 매일 농사꾼의 정성과 손길이 부지런히 닿아야 하는 일이다. 그 고된 시간에도 나름의 탈출구 삼아 디저트를 만들어 사진을 찍는 일로 자기 삶을 가꾸어 간다. 직접 만든 디저트를 예쁘게 데코한 후 사진을 찍어 인스타그램에 올리고 있다. 나는 친구 J에게 인스타그램에 사진과 함께 짧은 글을 추가해서 올리면 좋을 것 같다, 란 생각을 전했다. 그 시간들이 쌓이면 하나의 좋은 책으로도 엮어낼 수 있을 거라고 격려했다. 일상의 모든 것이 '글'과 연결되어 생각하고 말하는 나를 발견할 수 있었다. 책을 쓰는 작가의 눈에는 모든 것이 글감이다. 친구 J에게도 자신이 좋아하는 일이 생겼다는 사실이 마냥 기뻤다. 남과 비교하지 않고 자기 시간을 즐기고 그 시간에서 자기만의 행복을 만들어가는 모습이 예뻐 손뼉이 절로 쳐진다. 나는 친구 J가 자신의 삶을 꼭 글로 쓰길 바란다. 친구에게 필사를 시작하라고 권하고 글쓰기의 가치를 이야기한다. 친구만큼 좋은 글을 쓸 글감을 가지고 있는 사람도 드물다고 생각하기 때문이다. 친구 J가 한 말이 생각난다.

"나는 서른부터 마흔까지 내가 없어. 아무리 생각해도 그때 사는 게 바빠서인지 어떤 모습인지 기억이 안 나."라는 말을 듣는 순간 가슴 한구석이 먹먹해져 왔다. 이런 마음은 친구 J에게만 국한된 것이 아니었다. 나 역시 어린아이 둘을 돌보며 직장 생활하느라 진짜 좋은 나이의 나를 잊고 산 것이다. 어쩌면 이 세상 대부분 여자의 삶이 닮은꼴을 하고 있을지도 모른다. 예쁜 나를 숨기고 사느라 얼마나 애썼을까 생각하면 애잔함이 밀려온다. 이건 나에 대한 애잔함이기도 하다.

필사하고 글을 쓸 때만큼은 여자의 삶이 다시 시작된다. 엄마도, 아내도 며느리도 아니다. 그저 작가가 되겠다는 일념 하나로 필사를 하는 여자 사람이다. 내 속에는 내가 알려고 하지 않았던 아니 알고 싶지 않았던 내가 살고 있다. 나를 잊고 산다는 것은 무서운 형벌과 같다. 아무 일도 일어나지 않는다는 것은 내가 아무것도 하지 않았다는 것에 대한 반증이다. 우리가 말하는 평범한 하루는 나를 위해 특별한 일을 하지 않았다는 증거이다. 그러면서 우리는 하루하루 무료한 일상의 반복을 한탄하며 변화를 갈망한다. 필사하고 글을 쓰면서 느낀 것은 '시작은 곧 변화다.'라는 것이다. 하늘에서 저절로 떨어지는 콩고물은 없다. 내가 하려고 하는 작은 일의 시작이 변화의 바람을 몰고 온다. 밖으로 나가 귀를 기울이면 한스러운 이야기들로 가득하다. 남편이 음주운전으로 벌금 800만 원을 내고 면허취소를 당했다는 이야기, 누군가는 자고 일어나니 남편이 세상을 떠나 혼자가 되었단다. 어떤 이는 시댁 시어머니와의 갈등으로 죽을 맛이라며 볼멘소리를 한다. 자녀와의 갈등, 직장 상사의 이기적 행동과 말들 이 모든 말만 들어도 그네들의 가슴에 한이 쌓여가는 소리가 쩌렁쩌렁 울린다.

힘들고 감내하기 어려운 일에 처해 있을수록 필사해볼 것을 추천한다. 필사로 심신의 안정과 평온함을 되찾게 될 것이다. 마음이 편해야 다른 일에도 도전할 의욕도 생기는 법이다. 나부터 살리는 필사를 시작하라. 필사하다 보면 내가 미처 보지 못한 길이 보인다.

신은 내가 감당할 만큼의 시련을 주신다더니 그런 것 같기도 하다. 생각해보면 죽고 싶을 만큼 힘들다고 느낀 순간까지 간 순간 우연이라고 하기엔 필연적인 나를 살려줄 동아줄이 갑자기 나타난다. 그렇게 애써 찾을 때는 안 오던 것이 내려놓는다 싶을 때 마법처럼 나타난다. 필사가 내게 그러했다. 필사는 내가 힘들 때 내 안의 나를 돌보고 내 삶마저 다시 재부팅 할 수 있는 기회를 주었다. 하루 1꼭지를 필사에 진심을 담아 남의 글을 따라 쓰면서 다른 이의 시선으로 다른 생각을 느끼고, 다시 그것은 내 것으로 탈바꿈하여 내 안에 장착된다. 모방에서 끝나지 않고 새롭게 생각이 탄생하게 된다. 이러한 모방과 창조의 과정이 반복되는 것이 필사이다. 새로운 생각이 내 안에 장착되면 글로 그 생각을 보여주고자 하는 욕망이 생긴다. 글로 쓴 내 생각이 곧 나다. 한 권의 책을 읽는다는 것은 글을 쓴 작가와 만나고 있는 것과 같다. 작가의 글을 필사하며 작가의 목소리를 글로 듣는다는 것은 한 사람이 내 삶 속으로 걸어 들어오는 것과 같았다. 낯선 이의 글이 목소리가 되어 가슴을 전해질 때 사실 많이 아팠다. 내 안에는 내가 인정하고 싶지 않았던 두려움 많고 소심했던 자아가 살고 있었단 것을 받아들여야 한다는 사실을 피해가고 싶었다. 남들에게 나약한 나를 보이고 싶지도 않았다. 하지만 나는 그랬어야 했다. 남편이나 딸들에게 힘들면 힘들다고, 아프면 아프다고 솔직하게 나를 보여줬어야 했다. 엄마니까 딸들에게 무너지는 엄마를 보여주기 싫었고, 아내니까 더욱 당당해지고 싶었다. 괜찮지 않을 땐 말했어야 했다. 나는 그 마음을 필사하며 토해내고 글로 적어간다.

마음이 불편하거나 힘들다 느낄 때는 아무것도 하기 싫어진다. 늘어지게 잠을 청한 후에라도 해결해야 할 문제는 여전히 그대로다. 한 꼭지 필사를 해야 한다는 마음이 누워 있던 나를 일어서게 했다. 힘들면 힘든 대로 필사를 하다 보면 그것이 던져주는 쓰고도 단 열매의 맛을 알게 된다. 마음의 무거운 짐도, 해결되지 않는 골칫거리도 필사하다 보면 내려놓고 물러서는 법을 알려준다. 지금 당장 내려놓지 못할 것 같은 마음도 아프지만 내려놓는 연습을 하다 보면 처음부터 문제가 아니었음을 알게 된다. 필사란 그런 것이다. 하면 할수록 내가 아닌 다른 이의 목소리를 듣는 것과 같아 조금 더 나를 객관적으로 보게 했다. 요동치던 마음의 바다가 잔잔해지면서 다른 이의 목소리를 들을 수 있는 또 하나의 귀를 열어준 것이다. 나름의 고민과 걱정이 있을 때 필사를 시작해 보자. 쓰면 쓸수록 내 안에 쓸데없이 자리 잡고 있었던 잡동사니들이 와르르 쏟아져 버려지는 것을 느낄 수 있다. 필사는 내 마음을 내어주는 일이 제일 어렵다는 사실을 받아들이게 했다.

"괴로워도 필사하고, 울고 싶어도 필사하라. 필사는 먹구름 뒤에 가려진 눈 부신 해를 보게 하는 힘이 있다."

인생 혁명! 말만 들어도 거창하게 들린다. 필사 하나로 인생 혁명을 이뤘다 하면 믿어질지 모르겠다. 나에게 인생 혁명은 '글 쓰는 작가의 삶'이다. 인생 혁명은 자기가 좋아하는 것을 하며, 자신의 가치를 더 높이고, 나를 더 많은 사람에게 이롭게 쓰이는 일이다. 그것의 시작은 필사였고, 그것의 마지막 대미장식은 책 쓰기였다. 작가의 꿈을 꾸더라도 꿈의 출발선을 내 손안에 두고 시작하길 바란다. 손이 움직이면 필사는 절로 리듬에 맞춰 춤을 춘다. 필사 하나로 책을 쓰다니! 내가 눈으로 보고도 믿기지 않는 경이로운 광경이다. 나의 사랑하는 이들이 하루빨리 필사를 시작하여 인생의 기쁨을 누려보길 간절히 바라는 바다. '인생은 짧고 예술은 길다'라는 말처럼 내가 쓴 '책 한 권'은 나의 삶보다 더 오래 많은 사람에게 기억될 것이다. 이것이 진짜 인생 혁명이다. 삶이 힘들수록 필사로 인생 혁명해라! 삶은 유한하지만, 글의 생명력은 무한하다. 더 늦기 전에 당신의 삶에도 진정한 인생 혁명의 봄바람이 함께 하길 바란다.

"변화는 나의 의지로 일으킨 기적이다. 필사해서 당신의 인생 첫 책을 써라! 그리고 작가의 삶을 살아라! 이것이 진정한 필사 혁명이다!"

내 인생에 찾아온 필사혁명

초판 1쇄 발행 | 2024년 12월 25일

지은이 | 이현주
펴낸이 | 김지연
펴낸곳 | 생각의빛

출판등록 | 2018년 8월 6일 제 406-2018-000094호

ISBN | 979-11-6814-090-5 (03190)

원고 투고 | sangkac@nate.com

* 값 17,500원